ESTHER VILAR

POUR UNE NOUVELLE VIRILITÉ

OMNIAVERITAS

ESTHER VILAR

POUR UNE NOUVELLE VIRILITÉ

Das ende der dressur modell für eine neue mannlichkeit – 1977

*Traduit de l'allemand par **Raymond Albeck***

Publié par

OMNIA VERITAS LTD

OMNIA VERITAS

www.omnia-veritas.com

Pour une nouvelle virilité est la troisième et dernière partie de la trilogie que j'ai consacrée à la situation sociale de l'homme dans les pays industrialisés de l'Occident. Dans mon premier livre — ***L'Homme manipulé*** — j'ai montré comment l'homme est manipulé par la femme. Dans le second — ***Le Sexe polygame*** —j'ai expliqué pourquoi une telle manipulation est possible. Je propose ici un moyen de mettre fin à cette domination féminine.

Esther Vilar

OMNIA VERITAS

Omnia Veritas Ltd présente :

Triptyque sur le conditionnement de l'homme par la femme par **ESTHER VILAR**

I   II   III

Une analyse des rapports entre hommes et femmes dans les pays occidentaux

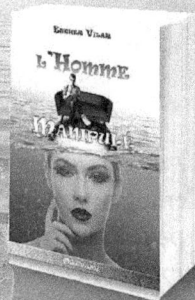

OMNIA VERITAS

ESTHER VILAR

Omnia Veritas Ltd présente :

L'HOMME MANIPULÉ

« Pour la femme, que l'homme soit bien physiquement ou non, sympathique ou non, intelligent ou non, ne joue absolument aucun rôle. »

Dans le monde des femmes, seules comptent les autres femmes

OMNIA VERITAS

ESTHER VILAR

Omnia Veritas Ltd présente :

LE SEXE POLYGAME ou le droit de l'homme à plusieurs femmes

Esther Vilar, est une féministe, certes, et même une super féministe... mais à contre-courant !

Pamphlet cinglant, d'une humeur impitoyable...!

QU'EST-CE QUE LA VIRILITÉ ?

VIRIL = PUNI

C omme je l'ai établi dans le premier volume de ma trilogie, l'homme vient au monde pour être incarcéré[1]. Mais il ne ressent pas la cruauté de son destin : il n'attend rien d'autre de l'existence puisqu'on l'y prépare dès le début. Comme pratiquement tous les hommes sont prisonniers, cette situation lui paraît tout à fait positive, elle lui apporte la preuve qu'il est absolument normal et, non sans fierté, il proclame que ce type de vie est *viril.* De toute façon, il s'est créé un vocabulaire *ad hoc* : ses gardes-chiourmes sont pour lui ses *supérieurs* ; la peine qu'il endure, son *devoir moral ;* l'administrateur du pénitencier est son *directeur ;* le félicite-t-on pour sa bonne conduite, c'est de *l'avancement professionnel* : un tel éloge le comble d'aise, et il affirme alors qu'il *adore* son travail.

Du fait qu'il ne pouvait en être autrement, on a humanisé sa détention au cours de la seconde moitié du XXe siècle. Mais la peine qu'on lui inflige est restée la même : c'est toujours la prison à perpétuité. Pourtant, contrairement à ce qui se passe pour une peine de droit commun, le critère n'est pas ici le danger que représente le délinquant pour la société — c'est-à-dire pour ceux qu'on n'incarcère pas — mais l'utilité qu'il a : ce n'est pas le délit qui détermine la

---

[1] *L'homme manipulé*, Omnia Veritas Ltd – www.omnia-veritas.com

durée de l'emprisonnement, mais la capacité de travail du prisonnier. Et comme on travaille d'autant plus et d'autant mieux qu'on est bien reposé, on le renvoie de temps à autre chez lui et on lui permet, à des intervalles calculés avec précision, de participer à la vie de ceux pour lesquels il purge sa peine. En outre, on ne mettra fin à son incarcération que lorsqu'elle ne sera plus rentable : en cas d'incapacité physique ou de traumatisme psychique. Si un homme bien portant désire interrompre provisoirement sa détention — son crime étant d'être né homme et non femme — il doit prétexter une maladie quelconque ou la mort d'un être aimé. Recourt-il trop fréquemment à ce stratagème ou est-il démasqué, le voici rétrogradé et asservi aux tâches les plus basses de l'établissement. Et même les visites qu'il fait à ceux du dehors en deviennent plus moroses.

Dès que l'on constate que ces brefs entractes ne suffisent plus à maintenir la capacité de travail d'un délinquant — ce qui est le cas après environ un an — on lui permet de sortir quelques jours en lui conseillant de passer cette période de congé dans un milieu inhabituel pour reprendre des forces et, grâce aux nouvelles impressions qu'il emmagasinera, mieux supporter les anciennes. Et quand les portes de la prison se referment sur lui, il lui arrive souvent d'en éprouver une sorte de joie : « Qu'il est bon de se retrouver ici, confie-t-il à ses coprisonniers. Vraiment, des vacances éternelles, ce ne serait pas quelque chose pour moi ! »

Pourtant, on ne lui accorde même pas ce bonheur-là. Car quand après un demi-siècle d'incarcération son rendement devient de moins en moins rentable et que les repos qu'on lui prescrit ne suffisent plus à régénérer ses forces, on lui inflige, en guise de dernier châtiment, des vacances éternelles. On le renvoie dans un logement où il n'y a guère de place prévue pour lui, vers une famille à laquelle il est devenu étranger, on le plonge dans une liberté bien trop grande pour la fatigue qu'il ressent. Heureusement ces vacances éternelles ne durent pas une éternité : si l'on compte que l'espérance de vie d'un homme est dans nos pays industriels d'environ soixante-neuf ans, il ne lui reste à sa retraite que quatre ans de vie.

VIRILS = VENDU

L'homme vient au monde pour vendre au plus offrant son corps et son esprit, sa force et sa pensée. Là encore, il n'en souffre pas. Des méthodes d'éducation spéciale l'adaptent mentalement à cette prostitution, et comme les autres hommes se prostituent eux aussi, cette existence lui semble adéquate à sa condition d'homme. Là aussi, il s'est forgé un vocabulaire : le bordel est pour lui l'entreprise, sa proxénète, son épouse ou sa compagne ; et le client qu'il lui faut satisfaire son chef, l'actionnaire, le membre du conseil d'administration, ou tout simplement le client.

Et à ce vocabulaire, il ajoute un code d'honneur : le plus digne d'estime est celui qui tire le plus de profits de sa prostitution. Un homme manque-t-il d'ardeur à se vendre, il est *paresseux -,* se vend-il mal, c'est un *raté -,* s'il ne se vend pas du tout, un *play-boy-,* quant à celui qui refuse d'entretenir une proxénète, on l'accuse *d'impuissance* ou *d'homosexualité.*

13

L'homme qui réussit à se prostituer dans son domaine professionnel n'y admet les femmes qu'à contrecœur. Du fait qu'il place prostitution et virilité sur le même plan, une femme qui se prostitue avec succès est pour lui une *femme virile.* En revanche, il n'arrive pas à imaginer que son propre sexe puisse assumer le rôle de proxénète : d'un homme au foyer et dont la femme travaille, il dira qu'il se fait *entretenir* ou le traitera sans ambages de *maquereau.* Mais si c'est la femme qui vit aux crochets de son mari, la voici, suivant sa classe sociale, promue *maîtresse de maison* ou *ménagère,* alors que celle qui vend au client son corps et non son esprit est une *prostituée.*

Et pourtant, l'homme ne vend pas seulement son corps. On exige tout de lui. Et cela non pas une petite heure par jour pendant quelques années, mais toute la journée toute sa vie durant. Non seulement il faut qu'il fasse tout ce que d'autres lui ordonnent, mais qu'il le dise ; et pour le dire de façon convaincante, il faut aussi qu'il le pense. Il doit donc pouvoir penser « autrement ». La firme dont il combat aujourd'hui la production peut du jour au lendemain devenir son nouvel employeur. Le rédacteur en chef dont il ridiculise les opinions est susceptible de lui offrir prochainement d'écrire dans son périodique. Le parti dont les buts sont tels qu'ils ont emporté son adhésion est capable, en l'espace de quelques heures, d'afficher d'autres idées politiques. Rien d'étonnant à ce qu'une vulgaire putain estime que les hommes se prostituent d'une manière encore plus inhumaine qu'elle-même. Quand elle en a la possibilité, elle préfère continuer son métier plutôt que de prendre exemple sur l'homme et devenir « décente » à la façon masculine. Sa profession lui interdit d'ailleurs, une fois pour toutes, d'adopter le seul choix qui pourrait l'attirer : en effet, aucun homme n'accepte pour proxénète une ancienne « prostituée ».

Ce *proxénétisme* féminin, qui est des plus répandus, se distingue principalement du proxénétisme masculin, qui l'est moins et qui a servi de base à ce concept, par le fait que la loi l'encourage au lieu de l'interdire, et que la proxénète ne se donne même pas la peine de s'entremettre pour procurer du travail à l'homme, car il s'en charge lui-même. Pour le reste, la technique demeure la même : afin que la victime fasse tout ce qu'on exige d'elle, on commence par la placer dans un état d'asservissement qu'on prolonge ensuite par l'intimidation, le chantage et la contrainte. Cet état d'asservissement — *l'amour,* disent les hommes — la proxénète l'obtient par les mêmes moyens que son homologue masculin des bas-fonds : par une belle apparence physique, par les jouissances sexuelles qu'elle dispense et des compliments habilement tournés. Lorsque l'asservissement n'est plus assez puissant, les enfants venus entre-temps et qu'il faut élever constituent une contrainte suffisante.

Du fait que le choix de la future victime se fait avec le plus d'efficacité possible là où on peut juger le mieux de ses aptitudes pour la prostitution — c'est-à-dire là où l'on constate l'impression qu'un homme fait sur les autres hommes — les futurs proxénètes font souvent un stage, toujours provisoire, au « bordel ». Pour leur épargner cette peine, on a catalogué les hommes suivant leurs diplômes et titres universitaires. Tout homme qui a passé par cette filière a dû si fréquemment faire sienne l'opinion de ses maîtres qu'on peut être certain de ses dispositions pour la prostitution de l'esprit. Mais les diplômés sont une minorité : aussi le détour par le lieu de travail est-il inévitable surtout pour les jeunes femmes dont le père ne rapporte pas assez d'argent. C'est là qu'elles se rendent le mieux compte de la valeur qu'a un homme pour le but qu'elles veulent atteindre. Et quand elles ne trouvent pas immédiatement la victime qui leur convient, du moins y apprennent-elles ce dont il s'agit : ce qui compte, ce n'est pas la bonne volonté, mais l'usage qu'on en fait, combien il faut donner de sa personne pour satisfaire les désirs du client, la dose d'hypocrisie vraisemblable avec laquelle on feint l'enthousiasme, la manière authentique de placer un compliment, la faculté de manifester réellement l'humeur ou le sentiment qu'on exige de vous, celle aussi de tout faire pour soutirer de chaque client un maximum de rétribution. Et elles s'entendent à discerner aussitôt si leur victime possède cette qualité précieuse que l'on désigne dans ces bordels sous le nom de *caractère* et que l'on prise plus que toutes les autres. Car on satisfait souvent mieux un client choyé en n'accédant pas immédiatement à tout ce qu'il demande. L'homme doué d'assez d'intuition pour se refuser un peu au bon moment, celui qu'on est obligé, pour ainsi dire, de vaincre chaque fois de nouveau, fera toujours plus de chemin que les autres.

Comme tout le monde sait que la femme ne travaille que temporairement, on ne lui confie que la clientèle la moins importante. D'ailleurs, il n'y a qu'une chose qui compte pour elle : reconnaître l'homme le plus apte à se prostituer au moment où il croise son chemin et saisir l'occasion au vol. Car si son choix est mauvais, il peut arriver qu'un jour il lui faille revenir sur place, et que les enfants qui devaient contraindre l'homme à travailler pour elle, obligent leur mère à travailler pour eux. Si elle fait trop la difficile, cette proxénète née peut se condamner à la prostitution pour tout le reste de sa vie : elle différera seulement de ses collègues masculins par le fait que si elle travaille, c'est pour n'entretenir qu'elle-même.

Ce fait — qui diminue incontestablement sa tension nerveuse — ajouté à celui qu'elle ne peine généralement que quelques années de suite sans jamais être en proie aux affres de l'ambition, explique — semble-t-il — que malgré une activité professionnelle sans cesse grandissante, elle vive de plus en plus longtemps. Aux États-Unis, cette citadelle des bordels où l'homme est le mieux exploité par la femme, l'espérance de vie des Américaines, au cours des vingt dernières années, s'est prolongée de plus de six ans par rapport aux Américains : alors qu'en 1955 elles vivaient en moyenne deux ans et demi de plus qu'eux, elles leur survivent aujourd'hui de neuf ans ! Et on constate la même évolution dans les autres pays industrialisés de l'Occident. Lorsque l'un des deux sexes fait le tapin et que l'autre encaisse l'argent, il ne peut en être autrement.

VIRIL = CHÂTRÉ

Il y a encore dix ans, pour être père, il suffisait à un homme d'avoir la force suffisante pour mater une femme et assez de sperme pour la féconder. Ce temps-là est fini. Comme les femmes n'avaient pas intérêt à laisser les hommes décider de leur fécondation, elles les ont chargés d'y remédier.

Ce qu'elles voulaient, c'est que les seuls hommes à avoir des enfants répondent à la *clause-des-trois-personnes,* c'est-à-dire que, grâce à leur fortune ou à leur position, ils soient en mesure d'entretenir, en plus d'eux-mêmes, un enfant et sa mère. Ayant assuré ainsi leur sécurité, les femmes deviendraient enfin capables de profiter de la compagnie de l'enfant sans que la présence du père les gêne. On pourrait formuler comme suit les termes de leurs exigences :

1.   Seuls les hommes répondant aux conditions de la *clause-des-trois-personnes* auront à l'avenir le droit de se reproduire.

2.   Les hommes auxquels font défaut les conditions biologiques de la reproduction (vieillards, malades et impuissants) auront néanmoins le droit d'avoir des enfants s'ils remplissent les conditions de la clause.

3.   Les hommes qui remplissent les conditions de la clause et celles, biologiques, de la reproduction et qui refusent malgré cela de se reproduire (célibataires bénéficiant d'une bonne situation), seront à l'avenir obligés de le faire.

4.   Les hommes qui ne remplissent pas les conditions de la clause mais qui, du point de vue biologique, sont de façon optimale aptes à la reproduction (jeunes célibataires de belle apparence) n'auront à l'avenir le droit de se reproduire que s'ils renoncent à leur progéniture.

Ainsi, en se conformant aux exigences de la femme, l'homme s'est châtré lui-même sans toutefois porter atteinte à sa faculté physique de procréer, et cela de la façon suivante :

a)   Quand la femme ne désire pas de grossesse, elle est, grâce à lui, à même de la supprimer :

—   *par de nouveaux moyens chimiques* de prévention, ou contraception (la « pilule ») ;

—   *par de nouveaux moyens mécaniques de contraception* (le stérilet) ;

—   *par la modernisation de l'interruption de grossesse* (la « pilule abortive », la méthode d'aspiration).

b) Là où la grossesse semble désirable à la femme, l'homme la rend possible :

— *par la fécondation artificielle.* Un homme fortuné et incapable de se reproduire peut malgré cela avoir des enfants grâce à un homme plus pauvre qui donnera sa semence et se déclarera prêt à ne jamais rechercher sa progéniture. Tout homme fortuné peut également faire conserver sa propre semence et engendrer dans un âge avancé ou après sa mort ;

— *par la grossesse volontaire.* Tous les moyens de prévention que l'homme met à la disposition de la femme présentent l'avantage d'être également utilisables pour elle, qui peut ainsi se faire féconder quand elle veut. Par exemple, si un homme remplit depuis longtemps les conditions de la *clause-des-trois-personnes* tout en continuant à n'entretenir que lui-même, elle peut (grâce à la faculté d'invention des hommes) se faire féconder à l'insu de ce partenaire. Car nul ne peut savoir si une femme prend vraiment des précautions contre une fécondation possible. Et même si l'homme arrive un jour à trouver pour son propre sexe un moyen de contraception, il n'aura quand même jamais le droit d'interrompre une grossesse. Grâce à son esprit d'initiative, il lui faut accepter aujourd'hui tous les enfants que la femme lui impose, et garder seulement ceux qu'elle souhaite avoir. Les seuls moyens de protection totalement sûrs sont la pauvreté ou l'abstinence.

La méthode de la *grossesse volontaire* laisse à la femme la possibilité de commettre le délit sexuel féminin le plus fréquent à notre époque, le *viol passif* de l'homme. Ses victimes sont les célibataires qui remplissent les conditions de la *clause-des-trois-personnes* et qui se voient ainsi acculés au mariage, les hommes mariés que l'apparition d'un enfant oblige à maintenir une union chancelante, et ceux, également mariés, auxquels un revenu très supérieur à la moyenne permet de fonder une seconde famille, légale ou illégale. Ce viol passif se différencie surtout du délit sexuel le plus fréquent chez l'homme, le viol actif, par le fait qu'il n'est pas question de forcer la victime à accepter le coït, mais à en assumer les conséquences : la coupable n'agit pas dans un élan de passion, mais délibérément et mue par des motifs vils, et ce crime échappe à la justice du fait que le châtiment frapperait toujours un petit enfant.

Il existe un second délit sexuel féminin, moins fréquent, mais que la grossesse volontaire rend également possible : l'*utilisation abusive de l'homme pour l'élevage de l'enfant*. Relativement nouveau, ce délit est la conséquence logique de l'évolution : au sein d'une société où l'on considère surtout l'homme comme une vache à lait, une femme déjà bien entretenue n'a logiquement aucune raison de demeurer longtemps avec un homme. Comme d'autre part elle ne veut pas vivre seule, elle utilise son privilège biologique pour mettre au monde un enfant qui lui tiendra compagnie. Dans ce cas, il va de soi qu'elle préfère être fécondée naturellement qu'artificiellement : d'abord, elle se représente bien mieux l'enfant en ayant devant elle le père potentiel, et ensuite, au cas où elle aurait mal calculé son coup, le donneur involontaire de sperme pourra toujours se transformer en un payeur involontaire de pension alimentaire.

Mais ce n'est pas là l'élément déterminant : dans ce cas précis, plus que la situation financière de l'homme, c'est la couleur de ses yeux qui compte ; plus que sa soumission, sa capacité d'émettre au bon moment un nombre convenable de spermatozoïdes. Partant de ces éléments et d'après les lois de Mendel, la femme improvise l'enfant qu'elle désire et qui, suivant son bon vouloir, sera élevé par une domestique ou dans une crèche et non au sein d'une famille dite restreinte et destructrice, le père unique et patriarcal étant remplacé par de nombreux « oncles » successifs et toujours bienveillants.

On n'est pas encore arrivé à inclure dans ce programme, ou « planning », la détermination du sexe de cet heureux enfant. Mais à la demande des femmes, les hommes y travaillent déjà. Pour l'instant, ils n'ont même pas à craindre que cette acquisition ait pour résultat une élévation considérable du nombre des femmes. Dans l'état actuel de notre technique, pour toute femme qui refuse de travailler, on a encore besoin d'un homme qui travaille pour la faire vivre. Mais cela veut dire que si l'on ne change rien à notre structure sociale, le sexe mâle s'éteindra au même rythme que l'homme rationalise son travail. Il appartient donc à l'homme de décider s'il veut survivre en tant que sexe masculin ou comme une minorité dispensatrice de sperme.

En laissant échapper de leurs mains les rênes de la procréation, les hommes ont perdu encore plus : la joie même de l'acte sexuel. Car pour faire l'amour avec une femme, l'occasion ne leur suffit pas, il leur faut en plus la puissance du sexe. Celui qui à longueur de journée est exposé aux tensions de la lutte professionnelle et qui se plonge le soir, pour revenir chez lui, dans le trafic de la grande ville, ne dispose plus pour la nuit de grandes réserves de force. Le zèle avec lequel il accomplit son travail lui vole sa puissance sexuelle. Et les hommes qui, pour plaire aux femmes, réussissent le mieux dans leur profession — et qui par conséquent auraient le plus d'occasions de jouir de leur sexe — sont précisément ceux chez qui le désir se manifeste de plus en plus rarement.

21

En règle générale, leur activité sexuelle se limite aux week-ends, c'est-à-dire à leur période de liberté.

Mais cette nouvelle évolution fait que les hommes les moins épuisés perdent eux aussi leur force d'attraction sexuelle. Car depuis qu'on a incité la femme à être libre sans que cette liberté lui porte vraiment préjudice, la capacité amoureuse d'un homme fait l'objet d'une cotation officielle à la bourse des femmes : on n'y note pas seulement sa puissance, mais l'habileté avec laquelle il suscite le fameux orgasme féminin. Dans la mesure où il y parvient, le voici catalogué comme bon ou mauvais amant dans un fichier auquel son successeur aura également accès.

Or, son degré de puissance sexuelle représente pour un homme un risque qu'il lui est difficile d'apprécier, mais lorsqu'en plus on le rend responsable de l'orgasme de sa partenaire, on peut avoir une idée de l'immensité de la tâche qui attend un « bon » amant (surtout quand on considère qu'aux États-Unis, par exemple, soixante-quinze pour cent des Américaines, d'après leurs propres déclarations, éprouvent des difficultés à ce sujet). Certes, il existe des hommes qui, justement à cause de cela, se précipitent tête baissée pour tenter de surpasser leurs concurrents. Mais beaucoup se sentent découragés d'avance devant cette aggravation des conditions. Comme les enquêtes le prouvent, les tout jeunes gens d'aujourd'hui n'osent passer à la pratique qu'après une minutieuse préparation théorique : tant qu'ils ne connaissent pas à fond les positions préférées de la femme, ses zones érogènes et la technique de l'excitation clitoridienne, ils restent sur la touche. Rien d'étonnant à ce que le langage des jeunes filles se soit adapté à cette nouvelle réalité : alors qu'auparavant elles avouaient avec honte que tel ou tel garçon était leur amant, elles s'expriment aujourd'hui de façon lapidaire : « C'est le gars qui est actuellement de service... »

Cependant, les hommes demeurent attachés à leur vocabulaire traditionnel. Le fait que leurs compagnes en sont depuis longtemps au stade du « Do-it-yourself », que l'acte de fécondation lui-même n'a plus lieu que sur commande et encore seulement quand la femme le veut bien, n'a laissé aucune trace dans le vocabulaire masculin. On dirait que rien ne s'est passé quand on les entend parler des femmes : « Alors, mon vieux, je lui ai mis ça... » ou bien : « Je vais lui mettre ça... » Et à la naissance de leurs enfants, ils continuent à se congratuler comme autrefois devant cette preuve de leur virilité.

VIRIL = MIS EN TUTELLE

Aucun de nous n'y était : il nous est donc très difficile de déterminer si jadis — peut-être — les hommes ont dominé les femmes. Nous ne pouvons non plus nous fier ici à l'historien : il travaille sous les auspices de la dame à laquelle il dédie ses ouvrages, et le pouvoir qu'il détient consiste surtout à gagner le pain quotidien de la personne en question. Une seule chose est certaine : quoi qu'il ait pu se passer autrefois, tout a dû changer fondamentalement avec l'apparition de la machine à vapeur. Comme les hommes ne mettaient pas d'enfants au monde et n'avaient pas à les allaiter, on les a jetés dans les usines qui surgissaient partout de terre, tandis que les femmes, après la période chaotique du début où elles ont travaillé au-dehors avec leurs enfants, sont demeurées chez elles. Et comme les hommes devaient savoir faire fonctionner une machine à vapeur et qu'on découvrait sans cesse d'autres machines plus complexes, on a envoyé les petits garçons à l'école tandis que leurs sœurs restaient à la maison. Et ce système était extrêmement rationnel :

Si l'on avait gardé les femmes dans les usines, l'humanité aurait cessé d'exister ; d'autre part, il était absolument superflu d'obliger les filles à aller en classe. Et comme à cette époque, une femme avait beaucoup à faire chez elle, cet arrangement correspondait à une véritable division du travail.

Mais un jour, tout a changé. On a pu étaler le rythme des grossesses et, grâce aux laits maternels de remplacement, le père a pu donner le biberon aux enfants ; de même on a confié à des mécanismes automatiques la plus grande partie du travail ménager, tandis que dans les usines les machines étaient améliorées à tel point qu'il n'était plus besoin de force physique pour les faire fonctionner. Enfin, les écoles où les garçons apprenaient ce qui serait nécessaire à leur travail d'homme s'étaient depuis longtemps ouvertes aux filles. Grâce à l'activité et à l'esprit d'invention de l'homme, on était enfin arrivé au terme d'une évolution : puisque le mari pouvait entretenir femme et enfant, rien n'empêchait plus la femme de faire de même et d'entretenir enfant et mari, puisque les deux rôles étaient devenus absolument interchangeables.

On en était arrivé là, mais c'était déjà trop tard : en effet, le confort toujours plus grand dont l'homme avait entouré la femme n'était pas resté sans conséquences. Vivant mieux que leurs compagnons, les femmes vivaient plus longtemps, et vivant plus longtemps, elles étaient en surnombre. Devant l'avènement de cette nouvelle ère, elles avaient vite fait leurs comptes et compris la chance qui s'offrait à elles : ce dont elles avaient vraiment besoin dans cette situation, ce n'était pas de travailler, mais d'avoir droit de décision. Si elles y parvenaient, l'homme continuerait toujours à travailler pour elles. Refusant d'assumer l'égalité des devoirs, elles ont exigé l'égalité des droits en baptisant l'ensemble le *droit de vote des femmes.*

Comme toujours quand il s'agit d'un désir de la femme, l'homme s'est montré ici incapable de compter jusqu'à trois. Après une brève hésitation et alors que le rapport entre la majorité des voix et le pouvoir politique n'était pas à négliger, il a cédé. Bien qu'au cours de la période qui s'est étendue entre les premières revendications féminines et leur acceptation par l'homme, il n'y ait eu chez les femmes ni mortes ni blessées, mais seulement des faiseuses de discours, on parle volontiers de la « lutte historique pour la libération de la femme ». Et en effet, une fois obtenu le droit de vote, les femmes ont choisi la liberté. Quant aux hommes, ils se sont vu proposer une nouvelle définition de la virilité : jusqu'alors, être viril avait consisté à assumer les travaux que les femmes ne pouvaient pas faire ; désormais, ce fut accomplir les tâches dont elles ne *voulaient* pas. Et cela ne devait plus changer : en accordant le droit de décision à un sexe qui leur était numériquement supérieur, les hommes, une fois pour toutes, s'étaient mis eux-mêmes en minorité.

La plupart d'entre eux ne s'en sont même pas aperçus grâce à une autre manœuvre des femmes : disposant de la majorité des voix, elles pouvaient constituer un gouvernement uniquement féminin. Or, les sièges des parlements sont restés occupés surtout par des hommes. Les partis, comprenant qu'il n'y aurait guère de changement, ont continué à présenter aux élections les meilleurs de leurs partisans. Ils auraient pu naturellement recommander des candidates car il est plus agréable de voir triompher une femme de son parti qu'un membre masculin de l'opposition. Oui, mais les autres femmes n'auraient pas approuvé ce choix : les hommes n'ont pu imaginer que le plus grand avantage, pour les femmes, de la conquête du droit de vote, était justement de pouvoir élire des hommes.

En effet, pour atteindre leurs objectifs, elles ont estimé que les hommes étaient les meilleurs politiciens possibles. Et voici pourquoi :

1. *Les hommes politiques sont plus dignes de confiance :* De par leur propre expérience comme d'après les résultats des enquêtes d'opinion, les femmes savent que les hommes s'intéressent bien plus qu'elles à la politique. Elles préfèrent que leurs intérêts soient défendus par des professionnels plutôt que par des amateurs : elles misent donc sur le sexe qui leur paraît le plus expert en la matière.

2. *Les hommes politiques sont plus serviles :* Élevés par leur mère à être chevaleresques envers les femmes, il leur est difficile de considérer qu'un privilège féminin est une injustice. Pourquoi ne pas être galant et soulager ces dames des obligations qui leur sont pénibles ? Pourquoi ne pas sacrifier sa vie en temps de guerre pour permettre à une femme de sauver la sienne ?

3. *Les hommes politiques sont plus corruptibles :* Du fait que la virilité et le succès professionnel sont, pour un homme, des concepts identiques, une défaite d'ordre politique est une catastrophe bien plus éprouvante pour un candidat féminin. Il fera donc beaucoup plus d'efforts pour obtenir les voix de la majorité féminine et s'engagera bien plus qu'une femme en faveur des

intérêts féminins. Au contraire, la femme politique, si elle subit un échec professionnel, garde toute sa valeur en tant que personne privée. Ayant moins à perdre, elle briguera avec moins de vigueur les voix des autres femmes.

4. *Les hommes politiques éveillent moins les soupçons :* Un gouvernement féminin qui accorderait aux femmes des privilèges considérables serait peut-être suspect. Mais si les hommes qui détiennent le pouvoir envoient uniquement d'autres hommes à la guerre, s'ils décident que seul leur propre sexe doit satisfaire aux obligations militaires et punissent les récalcitrants de prison ou les versent dans des services de remplacement, s'ils accordent aux femmes de prendre leur retraite plusieurs années avant eux et interdisent le divorce ou réforment sa législation toujours à leur désavantage, si dans la pratique ils condamnent constamment l'homme à verser des pensions alimentaires et à renoncer à ses enfants, que peuvent donc les femmes, sinon se soumettre à la violence qu'on leur fait ?

Pour que ce cabinet fantôme ne choque pas trop, on élit de temps en temps une femme au parlement. Elle y dira toute la difficulté qu'on éprouve à devoir s'imposer de force dans un monde masculin hostile, et qu'il est vraiment temps de faire enfin quelque chose pour les femmes. On conçoit parfaitement qu'il y ait si peu de femmes politiciennes, car c'est faire un métier où l'on travaille quinze heures par jour, y compris les week-ends, et il n'y a pas beaucoup de femmes disposées à s'éreinter ainsi pendant peut-être plusieurs dizaines d'années pour avoir un jour le droit de prononcer un beau discours dans une assemblée plénière. Mais même si elles étaient plus nombreuses, les autres femmes ne voteraient pas pour elles : ce que toutes veulent, c'est demeurer le sexe opprimé, chose qui serait difficile- ment justifiable sous un gouvernement à prédominance féminine.

Il est donc tout à fait possible qu'une femme politique rencontre de très grosses difficultés sur la voie qui mène aux sommets. Non pas à cause de la concurrence masculine, mais simplement parce que les autres femmes, de préférence, choisissent l'autre sexe pour faire leur politique. Par conséquent, elles arrivent plus sûrement à des postes publics élevés en évitant les suffrages féminins : lorsqu'un de ces postes devient subitement vacant au cours d'une législature, les hommes, intimidés par les protestations trompeuses des femmes, le leur concèdent volontiers. Cela arrive si souvent qu'en Allemagne on a baptisé « sauterelles de cercueil » les femmes qui font une carrière politique.

Elles le savent, mais si elles l'avouaient publiquement, il leur faudrait démissionner sur-le-champ. Tous comptes faits, les partis ne peuvent tolérer que les femmes politiques leur fassent perdre les voix des femmes.

En plus de l'avantage d'élire un candidat masculin, le droit de vote a apporté aux femmes celui de copier les hommes dans leurs choix. Les champions de la thèse de l'oppression féminine apprécient énormément le fait que la plupart des femmes adoptent le parti dans lequel milite leur mari : pour eux, c'est la preuve de la tutelle patriarcale qu'exerceraient les hommes. Mais puisque les femmes disposent de cinquante-deux à cinquante-cinq pour cent des voix contre quarante-huit à quarante-cinq pour le sexe mâle, un tel comportement ne leur fait courir aucun risque. Le programme de tous les grands partis est fonda- mentalement féministe, car s'ils n'avaient pas garanti les privilèges de leur majorité — qui est féminine — ils n'auraient jamais acquis l'importance qu'ils ont. À vrai dire, au moment des élections, la femme n'a de choix propre qu'entre des programmes complémentaires, et quand il s'agit de voter pour la meilleure des politiques étrangères ou économiques, elle peut laisser la main libre à son mari lequel, à longueur d'année, a lu pour eux deux l'éditorial de son journal. Qu'importe réellement à la femme quels sont les gagnants des élections ! L'essentiel pour elle, c'est que la démocratie parlementaire demeure au pouvoir, car sa chute serait également la fin du pouvoir de son sexe.

Ce pouvoir, les hommes jusqu'à présent ne s'en sont pas rendu compte. Bien que depuis des dizaines d'années ils soient en réalité soumis à la tutelle politique de la femme, ils croient encore vivre à l'ère du patriarcat. Comme ils font tout ce qu'on exige d'eux, ils continuent à dire que la société actuelle est une *société d'hommes,* et comme ils ne pensent que ce qu'on leur ordonne de penser, les lois qu'ils promulguent sont toujours pour eux *des lois faites par les hommes.* Et ils transmettent à leur descendance cette version des faits : « Étudie, dit le père à son fils. Savoir, c'est pouvoir. » Or, rien n'est plus faux : le pouvoir n'appartient pas à qui sait une quantité de choses, mais à qui vit parfaitement dans l'ignorance : c'est justement l'ignorance généralisée de la femme, qui est la preuve du pouvoir qu'elle exerce ; si la vie lui était si difficile, elle apprendrait quelque chose. Les femmes peuvent être aussi bêtes qu'elles le veulent : elles détiennent le véritable pouvoir, celui de laisser les hommes penser pour elles. Et même quand un homme, grâce à son savoir, grimpe jusqu'au haut de l'échelle, jusqu'à la situation la plus élevée qu'elles ont à lui accorder dans leur empire, il ne s'y installe jamais que comme leur représentant.

VIRIL = CENSURÉ

Quand un état de choses est connu de tous mais qu'il n'en est jamais question en public, on dit qu'il s'agit d'un « tabou ». Comme on ne peut taire en réalité un fait que tous connaissent, les tabous d'une société s'expriment toujours par un détour quelconque : ainsi, il n'existe pas de dictature dans laquelle on ne note une floraison magnifique de mots d'esprit. Le racisme secret d'un peuple perce dans des anecdotes discriminatoires, c'est dans les séminaires de prêtres qu'on se moque le plus de la Providence divine, et les enfants élevés dans les foyers les plus prudes ont souvent un goût immodéré pour les histoires d'un érotisme ambigu. C'est également la raison pour laquelle les humoristes occidentaux sont les seuls à avoir le droit de montrer l'homme sous les traits du pire pantouflard. Car, dans nos pays, le fait que l'homme est un prisonnier dévirilisé et mis en tutelle est bien un véritable tabou : tout le monde le sait, personne n'en parle. Dans la vie quotidienne et dans les pages humoristiques, on constate que l'homme est manipulé, mais cette manipulation ne fait jamais l'objet d'une discussion sérieuse. En revanche, on peut discuter de l'oppression de la femme puisqu'on n'en trouve pas plus trace dans la vie courante que dans nos plaisanteries. Il faut même que tout le monde en parle car, compte tenu de ce qui se passe dans la réalité, ce n'est que par un lavage de cerveau massif qu'on peut corriger ainsi la véritable image de la femme.

Ce rôle, les mass-média l'ont assumé. La femme les charge de représenter l'homme comme le contraire de ce qu'il est vraiment, bourreau et non victime, et elles ne font que cela. Cette collaboration fonctionne sur la base du chantage : dans nos pays industriels d'Occident, les quotidiens, les périodiques, les émissions de la télévision et de la radio, sont financés en majorité par les annonces et la publicité des biens de consommation. D'après les statistiques, les femmes prennent de *70 à 80 pour cent* de toutes les décisions concernant les achats ; l'homme ne s'occupe directement que de sa consommation de tabac et d'alcool, et il a voix au chapitre pour le choix de son auto et de son habillement. Les campagnes de publicité vont donc s'adresser, obligatoirement, surtout aux femmes qui, par conséquent, influent automatiquement sur la partie rédactionnelle des mass-média. Dès qu'elles n'achètent plus un quotidien ou n'écoutent plus certaine émission télévisée parce que leur contenu leur déplaît, les grosses firmes passent ailleurs leurs annonces et leur publicité, et le rédacteur en chef ou le producteur se voit privé de sa base financière. Connaissant ce danger, il l'évite au moyen d'une censure préalable en ne publiant rien qui lui semble pouvoir indisposer le sexe féminin. Là où la télévision est monopole d'État et financée par une taxe payée par les téléspectateurs, l'affaire est encore plus simple : les politiciens veillent à ce qu'on ne porte pas atteinte aux intérêts des femmes. Il n'y a que dans les émissions en direct qu'elles ne contrôlent pas l'opinion publique, mais elles peuvent toujours le faire après coup et exiger la suppression de la série qui les gêne.

De même qu'elles chargent les hommes de faire la politique qui leur convient, les femmes, bien entendu, ne créent pas elles-mêmes leur image de marque. C'est là une évolution relativement récente. Auparavant, quand il n'y avait ni grande presse ni télévision, les femmes ont dû présenter en personne le mouvement féministe et exposer continuellement, à grand renfort de discours, à quel point elles étaient et se sentaient désavantagées. Aujourd'hui, les hommes eux aussi élèvent la voix en leur faveur. En effet, ce sont eux qui font l'opinion publique. Or, dans une société où tout est consommation, le consommateur principal peut obliger les prétendus maîtres de l'opinion à diffuser le point de vue qui lui plaît. C'est donc à juste titre qu'on appelle féminisme nouveau ce type actuel d'information sur la condition défavorisée du sexe féminin. De toute façon, les grands idéologues du féminisme n'ont jamais été des femmes : la vieille histoire de l'oppression qu'elles subissent ne nous vient pas des suffragettes, mais de Marx, d'Engels, de Bebel et de Freud. Ce qui est nouveau, c'est qu'aujourd'hui les hommes ont pris eux-mêmes en main le soin de propager l'entreprise de diffamation dont ils sont les victimes.

C'est une chance pour la femme, car plus ses privilèges se renforcent, plus il devient important que des professionnels se chargent de les dissimuler aux yeux des hommes. Prenons un exemple : de toutes les femmes, les Américaines sont celles qui bénéficient du plus haut niveau de vie. Si notre raisonnement est exact, c'est dans ce pays que le « nouveau féminisme » doit être le mieux organisé. Et en effet, c'est le cas.

Ce que nous avons observé pour les hommes politiques est également valable pour ceux qui créent et entretiennent l'image de marque de la femme. Pour elle, ils sont plus dignes de confiance, plus serviles, plus vénaux, moins suspects de partialité que leurs collègues féminins, et ils veillent par conséquent bien mieux qu'elles à ce que tous respectent rigoureusement les règles de la censure. Les femmes peuvent se fier totalement à ce mécanisme : les patrons des grosses firmes et les spécialistes de la publicité surveillent les patrons des journaux et les producteurs de télévision, lesquels surveillent à leur tour les rédacteurs en chef et les chefs de service qui, eux, surveillent les journalistes, les metteurs en scène et les auteurs de « dramatiques ». Chacun d'eux sait qu'il ne peut présenter au grand public le thème de la femme que sous deux aspects fondamentaux : compassion et admiration. Quant à la critique, elle doit demeurer dissimulée dans les histoires drôles, les caricatures et dans les numéros des chansonniers. Et comme il faut quand même que des témoignages féminins viennent corroborer de temps à autre les professions de foi des hommes, il existe des femmes journalistes pour prendre à leur tour la parole. La différence est qu'au lieu de compatir, elles pleurent sur elles-mêmes, et qu'au lieu d'être admirées, elles s'admirent à grands coups d'encensoir. Jamais le public n'arrive à avoir connaissance d'une autocritique féminine. Il y en a pourtant, mais on en interdit la diffusion. Des pensées aussi dangereuses ne pourraient guère s'exprimer qu'au cours d'un débat général sur « la situation de la femme dans la société », car les femmes adorent particulièrement ce genre de divertissement. Mais là aussi, tout est arrangé d'avance pour qu'elles aient le dernier mot.

Quoi qu'il en soit, ce lavage de cerveaux porte ses fruits. L'homme qui chaque matin lit régulièrement son journal et se détend aussi régulièrement le soir en regardant son écran de télévision, voit le monde comme son journal et la télé lui enseignent à le voir : pour lui, ce ne sont pas les hommes qui sont emprisonnés mais les femmes. Ne les exile-t-on pas avec leurs enfants dans de nouveaux immeubles à appartements stérilisés ou dans des pavillons isolés de banlieue, ne les dépouille-t-on pas ainsi de toute chance de pouvoir se « réaliser » grâce à l'exercice d'une profession ? Ne faut-il pas également qu'elles se prostituent ? N'est-ce pas le mari qui gagne l'argent, n'est-elle pas obligée de faire les quatre volontés de l'homme pour qu'il ne la laisse pas mourir de faim ? Quant à la pilule, il l'a naturellement inventée par calcul, pour le sexe qui n'est pas le sien : ce n'est pas lui qui va se ruiner la santé pour que les femmes n'aient pas d'enfants ! D'ailleurs, si l'on veut constater que la femme vit dans une société d'hommes où les lois sont faites par eux et pour eux, on n'a qu'à jeter un regard sur les parlements et sur les tribunaux : comment les femmes y sont-elles représentées, elles qui constituent la majorité des électeurs ?

« Ha ! ha ! » se dit cet homme quand il apprend qu'un groupe professionnel composé surtout de travailleurs féminins vient de passer à côté d'une augmentation de salaire, « encore un cas d'injustice au détriment de la Femme ! » Il ne lui vient pas à l'esprit que ce qui est un miracle, c'est qu'un tel groupe de femmes bénéficie somme toute d'une augmentation de salaire. Il n'ignore pas pourtant que les salaires font l'objet de discussions avec les syndicats, que là encore, les femmes se font servir par les hommes, que dans nos pays occidentaux, celles qui travaillent comptent proportionnellement quatre fois moins de syndiquées qu'eux, et qu'elles sont quarante fois moins nombreuses à exercer au sein de ces syndicats une activité quelconque. Cela, naturellement, ne figure pas dans son journal quotidien.

En revanche, il y trouve tout sur l'insuffisance des possibilités d'avancement des femmes qui travaillent. Il peut le confirmer lui-même : dans son entreprise, les femmes ne sont-elles pas toutes sténodactylos alors que les chefs de service sont tous des hommes ? Mais ce qu'on ne lui dira jamais, bien entendu, c'est qu'il est plus rationnel pour l'entreprise de promouvoir des hommes puisqu'une grande partie des femmes n'y travaille qu'à temps partiel et seulement moins de dix ans de suite. On ne lui dit pas non plus qu'un chef d'entreprise agit plus humainement quand il donne la préférence à un homme, parce que l'homme, avec son salaire, entretient souvent plusieurs personnes tandis qu'en règle générale celui de la femme ne sert qu'à elle-même. Tout concourt à faire croire à l'homme que si les pauvres femmes ont un avancement beaucoup plus lent, c'est uniquement à cause de leurs seins et de leurs cheveux longs, et il les plaint infiniment.

Autre détail sur lequel on ne lui laisse également aucun doute : la double charge qui incombe à l'épouse qui travaille au-dehors. Il pourrait pourtant s'apercevoir que ce concept de la double charge n'a plus de sens aujourd'hui, puisqu'une grande partie du travail ménager a été automatisé et que les enfants, quand il y en a, sont surveillés et soignés par d'autres que leur mère. Mais il faut un hasard pour que lui tombent sous les yeux les résultats d'une enquête selon lesquels il décharge sa femme d'une quantité de travaux que les machines automatiques n'assument pas encore. Car quand il lave la voiture familiale, répare et bricole, tond la pelouse ou fait le chauffeur pour emmener sa famille en excursion, on lui répète qu'il s'agit d'un « hobby », de son « violon d'Ingres », d'un divertissement. Tandis que si sa femme nettoie la baignoire, enclenche une machine automatique en appuyant sur un bouton, arrose ses plantes d'intérieur et prépare le panier du pique-nique, cela, c'est du travail ménager.

Mais notre homme continue volontiers à réclamer plus de justice, non seulement pour la femme qui supporte cette double charge, mais aussi pour la ménagère presse-boutons : ne serait-il pas temps que l'État, c'est-à-dire l'homme en général, octroie enfin un salaire à la femme au foyer ? Devra-t-elle toujours travailler gratuitement pour sa famille ? Il ne vient pas à l'esprit du pauvre homme que la femme au foyer ne travaille pas pour rien puisqu'elle encaisse la plus grande partie des gains de son mari (d'après les sondages, c'est elle qui, dans la plupart des familles, règle les questions d'argent de façon absolument autonome). Pas plus qu'il ne remarque que cette situation ne peut être aussi mauvaise puisqu'une femme qui décide de se consacrer à sa famille connaît parfaitement les raisons de son choix du fait qu'elle a été élevée elle-même au sein d'une famille semblable. Car dans le journal où l'homme puise ses idées, les enfants ne sont-ils pas pour la femme le plus ignoble des pièges ?

Soit, mais que se passe-t-il quand, les enfants ayant grandi, le piège enfin s'ouvre ? Alors, se dit l'homme — car cela aussi figure dans son journal — alors il est trop tard pour elle : tandis qu'à cet âge la vie ne fait que commencer pour lui, celle de sa compagne est finie. On l'a persuadé que les hommes demeurent attirants bien plus longtemps que les femmes ! Et en effet, quand un homme mûr conquiert le cœur et la main de sa jolie secrétaire, on ne dit jamais que cette dernière redoute manifestement moins la calvitie, l'impotence et la sénilité de son partenaire que l'absence de prestige social (ni qu'avec ce comportement réaliste, elle joue un très vilain tour aux femmes vieillissantes). Non, une fois de plus, on mettra en accusation la société faite par l'homme et qui discrimine impitoyablement la femme qui prend de l'âge.

VIRIL = LÂCHE ?

Admettons-le : les femmes ont fait des hommes ce qu'ils sont devenus aujourd'hui. Elles ont préparé leurs fils, quand ils étaient enfants, à ce rôle, elles le leur ont présenté comme le privilège exclusif du sexe masculin, elles les ont convaincus que c'est en agissant ainsi, et non autrement, qu'ils seront désirables pour l'autre sexe. Finalement, elles en tirent davantage.

Mais supposons qu'il y ait des femmes — et il doit y en avoir — qui ne recherchent pas les hommes manipulés et dressés à vie. Comment pourront-elles découvrir quelque chose de désirable chez ces masochistes serviles, vénaux, exténués, pleins de complaisance envers tous et envers eux-mêmes, qu'on leur présente au long de leur vie comme étant des hommes ? Que leur reste-t-il d'autre sinon de demeurer solitaires ou d'entrer en silence dans les rangs des profiteuses ?

Est-ce seulement par pitié que les femmes affirment sans cesse à leurs partenaires qu'ils sont forts, intransigeants, *virils,* alors qu'en réalité ils ne font très exactement que ce qu'on attend d'eux ? Est-ce seulement un souci d'humanité qui les oblige à continuer à dresser leurs fils comme leurs maris ont été dressés par leur mère, pour qu'une fois devenus hommes ils n'arrivent jamais à concevoir à quel point ils sont ridicules ? Serait-ce par résignation qu'elles exploitent les hommes comme des machines, une résignation due au fait que ce qu'elles recherchent vraiment — des hommes qu'elles pourraient aimer — n'existe presque plus ?

Le rôle de l'homme est devenu absurde. En protégeant des êtres capables de se protéger eux-mêmes, il ne protège *rien.* En se sacrifiant pour qui n'a pas besoin qu'on se sacrifie pour lui, il se sacrifie pour *rien*. En s'enorgueillissant des succès qu'il doit à l'avidité d'autres que lui, il s'enorgueillit de *rien*. Pourquoi donc les hommes ne recherchent-ils pas un nouveau rôle ? Ils devraient depuis longtemps s'être rendu compte que les représentations auxquelles ils participent se déroulent sur des scènes subventionnées et qu'ils ne doivent d'être applaudis qu'à la commodité de leur public, à sa corruption et à sa compassion. Cela leur est-il indifférent ? Sont-ils satisfaits ? Ou bien continuent-ils à se jouer, à force d'angoisse, cette fameuse comédie tant de fois répétée de la *virilité* ? Les hommes sont-ils trop lâches pour se risquer à assumer un autre rôle ?

Il est facile de prouver qu'ils rêvent au moins d'une vie toute différente : héros de westerns ou de romans policiers, ils risquent leur peau pour leurs convictions. Dans les romans d'aventures et de science-fiction, ils explorent le monde qu'on leur refuse. Dans les retransmissions sportives, ils laissent à d'autres hommes le soin de mesurer leurs forces à leur place. Dans les films sexuels, ils soumettent la partie de la société qui les a asservis. L'homme moyen a pour sujets préférés de conversation ceux où il domine les événements de sa vie de prisonnier : il y insulte ses gardiens, rosse ses contrôleurs, solde à coups de poing les offenses qu'il reçoit et prend les femmes selon son bon plaisir. Doit-on en conclure qu'il regrette la vie qu'il imagine ou — puisque dès le lendemain matin il reprend le chemin du pénitencier — qu'il préfère une fois pour toutes les illusions qu'on lui aménage ? Rêver, serait-ce un but en soi pour l'homme, ou faut-il voir dans ces rêves l'expression des besoins qu'il a refoulés ?

Il est malheureusement impossible de répondre à ces questions-là où nous en sommes. Certes, on dit qu'au fond d'eux-mêmes les hommes n'aiment pas être libres, mais jusqu'ici rien n'est venu le prouver. Car, contrairement aux femmes, ils ne peuvent décider de leur manière de vivre. Dès leur naissance, on les forme au rôle qu'ils doivent tenir et on les y maintient par un système d'éloges et de reproches, de corruption et de chantage, tel qu'il est presque impossible qu'un homme seul puisse s'y soustraire. Et même quand il y parvient, il n'en est pas plus heureux pour cela. En règle générale, les hommes qui vivent autrement que les femmes le veulent, demeurent solitaires. Aussi la plupart n'essaient-ils pas de s'y risquer. Ils se joignent plutôt à la terreur, aux persécutions déclenchées contre les quelques dissidents qui ne pourront réintégrer les rangs des autres qu'après avoir subi, eux aussi, l'humiliation du joug. Alors seulement, ils deviendront de « vrais » hommes, c'est-à-dire des hommes qui servent les femmes avec le même zèle que pour eux-mêmes.

En d'autres mots : même si l'homme désirait plus d'indépendance il ne pourrait l'obtenir par ses propres forces. Seule la femme qui lui a ravi sa liberté pourra la lui rendre... Et il ne pourra affirmer qu'il ne désire vraiment pas d'autre vie que si on lui offre cette liberté et qu'il la refuse. Alors seulement on pourra dire qu'il se laisse emprisonner de bon gré, qu'il est d'accord pour se vendre, lui et son travail, qu'il accepte volontiers qu'on le châtre, que son asservissement économique et politique ne l'émeut guère et qu'il n'a pour ainsi dire rien à objecter à la manipulation de l'opinion publique dont il est la victime. On aura alors le droit de dire qu'on rend service aux hommes quand on les dresse en vue du travail puisque de toute façon ils ne sont bons à rien d'autre. Et on pourra alors dire que le type actuel de la virilité correspond exactement à ce que sont réellement les hommes et qu'ils mènent en somme la vie qu'ils souhaitent mener. Il s'agit donc de mettre les hommes à l'épreuve. Il est temps de leur offrir la liberté. Ce n'est qu'alors qu'on pourra savoir si oui ou non on doit se résigner.

CE QUE LA VIRILITÉ POURRAIT ÊTRE

UN HOMME VIRIL EST UN HOMME APTE À L'AMOUR

De par sa nature même, l'amour — dont nous avons parlé dans le second livre de notre trilogie[2] — a toujours un but. Bien qu'il semble parfois que nous tombions amoureux pour notre plaisir, ce sentiment nous ramène finalement à l'instinct de conservation de l'espèce. C'est la raison pour laquelle, normalement, les hommes tombent amoureux des femmes et les femmes des hommes : nous sommes programmés en vue de nous reproduire, ce qui nous est impossible avec notre propre sexe. Et comme les générations à venir doivent elles aussi se reproduire et que l'hérédité des organes nécessaires à la procréation et à la nutrition de nouveaux êtres humains est scrupuleusement assurée, les hommes ont une préférence marquée pour les femmes qui sont largement pourvues de caractéristiques sexuelles féminines, tandis que les femmes recherchent pour faire l'amour les hommes virils. Quiconque ne remplit pas ces conditions, c'est-à-dire donne à son entourage l'impression d'être peu viril ou peu féminin, n'a guère de chances d'être aimé. Et si l'on veut ignorer cette loi et que l'on accepte les avances d'un être qui

---

[2] *Le Sexe polygame,* Omnia Veritas Ltd – www.omnia-veritas.com

vous est indifférent au point de vue biologique, on a également peu de chances d'aimer.

Comme les femmes n'ont pas besoin de désirer l'homme avec lequel elles couchent — l'orgasme féminin ne joue aucun rôle dans la fécondation — il va de soi qu'elles sont les seules à pouvoir choisir leurs partenaires d'après un point de vue exempt de toute sexualité. Les hommes, au moins dans une certaine mesure, doivent se conformer à leur instinct. Et comme les femmes le savent, elles font tout pour accentuer la différenciation sexuelle. Plus les hommes verront en elles leur contraire — plus elles seront féminines — plus elles auront de chances d'être choisies et, par conséquent, plus elles auront de choix elles-mêmes.

Or, c'est justement le critère d'après lequel se fait le « contre-choix » féminin qui s'oppose finalement à ce que les hommes d'aujourd'hui soient sexuellement désirables. Car quand ils constatent qu'en règle générale les femmes attirantes ne choisissent pas l'homme le plus viril, mais celui qui réussit le mieux dans la vie, ils ne font plus porter leur effort sur leur virilité, mais sur leur succès professionnel. Et comme ce succès n'est possible à un homme que lorsqu'il se dévirilise, celui qui fait une carrière brillante ne peut guère espérer que sa sexualité soit rayonnante. Pour vivre en homme — pour exprimer ce qu'il veut — il manque d'indépendance. Et pour agir en homme — pour déployer son activité sexuelle — il n'a plus la force nécessaire. Mais comme la présence d'une partenaire attirante suffit à le convaincre à tout moment qu'il est bien un homme, il ne se rend compte de rien et ne peut donc changer. Et les autres hommes, s'imaginant répondre ainsi à la représentation idéale que les femmes se font de l'homme, s'efforceront de faire comme lui.

Cette évolution leur permet peut-être de faire partie de la force de travail hautement rétribuée, elle ne fait pas d'eux des amants qu'une femme peut désirer. L'impression de puissance physique qui constitue une grande partie de l'attirance érotique de l'homme, doit aussi être complétée par une valeur intellectuelle correspondante. Pour que la robustesse virile soit crédible, elle doit s'accompagner d'intégrité, d'originalité, d'indépendance et de caractère. Et comme nous le verrons plus tard, c'est là un point si important que l'absence de vigueur physique peut être complètement compensée par une haute valeur intellectuelle.

Mais c'est justement cette qualité qui fait fréquemment défaut, aussi est-il peu d'hommes qui donnent une impression de virilité. L'indépendance du jugement, un comportement intègre et une façon de penser originale ne sont que préjudiciables dans une carrière professionnelle. En fin de compte, ce qui décide de l'échelon social qu'un homme peut atteindre, c'est la satisfaction de ses supérieurs et de ses clients, et ils n'élèveront la voix en sa faveur que s'il tient largement compte de leurs désirs et fait pour eux davantage que le reste des candidats à la même situation. On désigne donc à tort du nom d'agressivité la qualité qu'il faut pour réussir dans une profession. Le comportement qui consiste à s'approprier la clientèle des autres et à devenir le chouchou de ses supérieurs n'a absolument rien à voir avec un esprit offensif. Il ne s'agit certainement pas d'agressivité mais d'une faculté d'adaptation particulièrement poussée. Nul besoin pour cela de force de caractère, mais au contraire d'un genre bien défini de faiblesse.

Ainsi quiconque se voue démesurément à sa réussite professionnelle, donne, malgré ses succès, l'impression de subir une défaite permanente. Un homme travesti en femme n'exerce sur les femmes aucun attrait érotique, il en est de même de celui qui consacre toute son énergie à sa carrière et à son prestige social. Quiconque a manifestement besoin des applaudissements des autres — qu'il se tue au travail pour obtenir un titre ou un avancement, ou se considère tantôt important et tantôt insignifiant suivant ses succès et ses échecs en public — ne donne pas à son entourage une impression de force, mais de faiblesse. Même si cet homme avait le temps, la force et l'intérêt nécessaires à l'exercice de l'érotisme, les femmes ne le trouveraient guère désirable, au sens propre du mot.

Ce comportement ne neutralise pas seulement la puissance physique d'un homme, elle le ridiculise. Non seulement les hommes ne sont pas ce qu'ils prétendent être, mais ils se croient le personnage de leur rôle. Non seulement, ils passent à côté du but de leur vie, mais ils cherchent à faire accroire qu'ils l'ont atteint. Cette attitude, due en fin de compte à la manipulation dont ils sont l'objet de la part des femmes, ne peut que dégriser terriblement le petit nombre de celles qui ne se laissent guider que par l'amour. Car la contradiction entre ce que les hommes prétendent être — agressifs, intransigeants, volontaires et maîtres d'eux-mêmes — et ce qu'ils sont réellement — accommodants, fats, arrivistes et serviles — est si énorme qu'avec la meilleure volonté possible ils n'arrivent pas à s'en rendre compte. On peut admettre dans une certaine mesure qu'un homme joue à son entourage une comédie qui correspond finalement à sa volonté de survivre. Mais le fait qu'il se mente à lui-même, qu'il accepte les éloges de son chef pendant les heures de bureau, puis ceux de ses amies après son travail, gâte la joie que peut ressentir en sa compagnie la femme la plus complaisante. Lorsqu'elle doit commencer par lui affirmer qu'il est viril pour qu'il se conduise en homme, et qu'elle doit ainsi inventer d'avance le genre d'homme avec lequel elle a envie de faire l'amour, la peine qu'elle se donne ne vaut raisonnablement plus le plaisir qu'elle peut en tirer.

Soit dit en d'autres mots : les nombreuses femmes qui décident du choix de leur partenaire d'après des valeurs qui ne sont pas érotiques et qui, sans qu'il puisse y avoir le moindre doute à ce sujet, placent du même coup l'exploitation d'un homme au-dessus de leur instinct sexuel, privent le petit nombre des femmes différentes de la possibilité d'aimer. Car puisque les hommes veulent plaire aux femmes, le critère d'après lequel elles font leur choix aboutit à un excédent d'hommes utiles et à un déficit d'hommes virils. Ainsi y a-t-il un très grand nombre d'hommes qui excellent à travailler, tandis qu'on ne trouve que de temps à autre un homme apte à l'amour.

Les femmes qui recherchent les hommes pour l'amour n'ont pas la vie facile. Dans le meilleur des cas, c'est l'homme qui a aujourd'hui les plus grandes chances de pouvoir aimer, et c'est là enfin, pour une fois, un vrai privilège masculin. Aussi n'est-ce pas par hasard que des femmes de plus en plus nombreuses éprouvent des difficultés avec leur libido. Il leur est peut-être possible de se laisser désirer par ce « sexe fort » qu'elles ont formé à leur gré, mais pour qu'elles puissent désirer elles-mêmes cet homme manipulé, il faudrait un miracle.

LA RÉVOLUTION PAR LE RENVERSEMENT DES VALEURS

Supposons donc qu'il existe des femmes incapables d'accepter cette situation. Imaginons — ce qui n'a rien d'absurde — qu'il y en ait auxquelles il soit difficile de renoncer à l'amour et qui aient par conséquent un intérêt tout à fait réel à ce que l'homme change. Ces femmes — en admettant qu'il y en ait — pourraient-elles inciter les hommes à devenir virils d'une manière plus conforme à la virilité ? Pourraient-elles empêcher que virilité et utilité soient mises continuellement sur le même plan, et que les générations féminines de l'avenir rabaissent elles aussi leurs partenaires sexuels au rang de pères nourriciers ?

Une chose est claire : dans nos sociétés occidentales, quiconque voudra faire admettre le modèle d'une nouvelle virilité ne devra pas compter sur le soutien des intéressés. Premièrement, les hommes n'ont pas conscience de ce qu'on a fait d'eux, et deuxièmement, même s'ils le voulaient, ils ne pourraient rien y changer. On leur a enseigné qu'ils sont faits pour donner tout ce qu'on leur demande : se soucier de leur propre sexe est pour eux un manque de virilité, et s'insurger contre les femmes leur paraît absurde puisqu'on leur serine continuellement que ce sont eux qui les oppriment. On peut donc soulever les hommes contre les privilèges d'une classe, d'une race ou d'une nation, mais non contre ceux des femmes. Ils sont prêts à se battre pour supprimer les injustices dont souffriraient les femmes, mais non celles qu'ils subissent. Car ils n'ont pas conscience de constituer un groupe en tant qu'hommes, et le seul intérêt qu'ils ont en commun — la Femme — est également, comme par hasard, celui des femmes ! On ne pourra pas effacer au moyen d'une simple campagne d'explications un lavage de cerveau qui dure depuis des dizaines d'années : si l'on n'octroie pas aux hommes leur liberté, ils demeureront jusqu'à la fin des temps les fidèles serviteurs de leurs « esclaves », et ils continueront à se sentir d'autant plus virils qu'ils seront plus exploités.

Si l'on souhaite que les hommes acquièrent une virilité différente et nouvelle, on doit par conséquent s'adresser aux femmes, car elles savent, elles, ce qui est en jeu. Puisque le principe féminin selon lequel la femme choisit son partenaire est la cause de la déchéance de l'homme, la seule possibilité pour que tout change est un renversement révolutionnaire de ce critère : ce ne sera que lorsque les femmes voudront avoir des hommes virils que les hommes le deviendront, et le père nourricier disparaîtra de leur vie quotidienne quand elles n'en voudront plus. En d'autres termes : quand les femmes gagneront elles-mêmes de quoi subvenir à leurs besoins, les hommes deviendront aptes à l'amour.

Mais que pourrait-on bien faire pour que les femmes gagnent leur subsistance ? Les mesures législatives, comme nous l'avons constaté, ont échoué : les femmes disposent de trop de pouvoir pour qu'on puisse légalement les forcer à assumer leurs obligations. On a pu établir légalement l'égalité des droits, car elle était en leur faveur ; on ne leur imposera pas l'égalité des devoirs. Et il n'est pas question qu'elles renoncent volontairement à leurs privilèges : il n'y a pas dans l'histoire un seul exemple qu'une caste dominante ait renoncé volontairement à ses avantages sans y être obligée ou sans compensations. En appeler à leur compassion ou à leur sens de l'honneur serait perdre son temps : si elles étaient capables d'offrir quoi que ce fût aux hommes, elles l'auraient fait, et la situation actuelle eût été impossible, a priori. Et s'il y avait chez elles ne serait-ce qu'un semblant d'honneur, elles ne se feraient pas entretenir par les hommes avec autant de brio.

Là où échouent la contrainte et la compréhension il ne reste qu'un recours : la négociation. Puisqu'il ne peut y avoir de changements sociaux que ceux que les femmes désirent, et qu'elles ne désirent que ce qui leur rapporte des avantages, il ne peut être question que d'un troc. Puisque les hommes ne peuvent acquérir la liberté qu'à condition que les femmes renoncent à la force de travail qu'ils constituent pour elles, et qu'elles ne le feront que si elles tirent parti de cette perte, il faudra donc fixer le prix de cette libération de l'homme.

Mais que peut-on proposer comme compensation ? Que manque-t-il au bonheur de la femme ? À quel hameçon pourrait-on les faire mordre pour qu'elles se dessaisissent de leurs privilèges ? Manquent-elles encore de quelque chose ? À quoi pourraient-elles avoir « droit », selon leur conviction, « en tant que femmes, car tous les êtres humains sont égaux, bien sûr... ».

C'est là le nœud du problème. Si l'on veut accorder quoi que ce soit aux hommes, il faut d'abord déterminer ce qui pourrait manquer aux femmes, trouver chez elles un besoin insatisfait ou, le cas échéant, le faire naître. Ce n'est qu'à cette condition qu'on pourra tenter de renverser la position prépondérante de la femme. C'est seulement quand on aura découvert un désir féminin et mis au point le moyen de le satisfaire qu'on pourra penser négocier avec la femme une virilité nouvelle.

Les conditions pour une négociation intersexuelle de ce type sont plus favorables qu'auparavant, car la profession féminine la plus recherchée, celle de la femme au foyer, a considérablement perdu de sa force d'attraction au cours des dernières dizaines d'années. À la suite de l'évolution la plus récente du secteur économique et du secteur social dans nos pays industriels occidentaux, le statut de la femme au foyer présente aujourd'hui les désavantages suivants :

L'ennui : le travail ménager, pour autant qu'on tienne compte uniquement des besognes vraiment indispensables en faisant abstraction des divertissements du genre pâtisserie, travaux à l'aiguille, comme de toutes les distractions avec les enfants, s'expédie aujourd'hui en une fraction du temps qu'on y consacrait encore il y a trente ans. Lorsqu'on considère qu'une famille comptait en moyenne deux fois plus d'enfants, qu'on faisait la lessive à la main, qu'on allait chercher très loin le combustible pour faire péniblement du feu, qu'il fallait balayer et nettoyer là où l'on se sert maintenant de l'aspirateur, faire quotidiennement son marché faute de réfrigérateur, préparer deux fois plus de repas puisqu'il n'y avait ni cantines ni restaurants d'entreprises, et souvent tailler et coudre soi-même ses vêtements à défaut de confection bon marché, on peut avoir une idée du temps libre dont dispose aujourd'hui une femme au foyer.

La solitude : Avec la pause du déjeuner et les aller et retour du domicile au travail, l'homme est absent de chez lui dix heures, souvent même davantage avec les heures supplémentaires et les obligations professionnelles. En général, les enfants vont à l'école dès cinq ou six ans, et ils y demeurent tous les jours ouvrables jusqu'à la fin de l'après-midi. Les rapports avec les voisins ont diminué dans la mesure où, avec l'accroissement du confort, leur éloignement réciproque a augmenté.

Sentiment de culpabilité : Une femme au foyer, si elle est quelque peu sensible, devrait, au moins théoriquement, avoir mauvaise conscience vis-à-vis des hommes. Car celui qu'elle a à son côté lutte pour assurer l'existence de toute la famille, et l'homme en général — le contribuable — qui a payé pour la préparer à soutenir le même combat, a donc investi en vain en subvenant aux frais de cette éducation. Souvent, les bachelières elles-mêmes oublient tout de leurs études antérieures, et elles n'ont même plus le bagage nécessaire pour aider leurs enfants dans leurs devoirs scolaires. Quand il s'agit d'un problème mathématique un peu difficile, il n'est pas rare qu'elles doivent attendre le retour du père.

Malhonnêteté : Pour masquer son désœuvrement, la femme au foyer doit dramatiser des activités plus ou moins banales et les présenter comme une occupation harassante qui s'étend sur toute la journée. Mais l'existence de la maîtresse de maison qui exerce en plus une activité professionnelle lui apporte un démenti, toujours le même : si le travail ménager durait toute la journée, aucune femme chargée de l'entretien d'un ménage ne travaillerait au dehors ;

en effet, aucune vendeuse — par exemple — n'a le temps d'exercer une activité professionnelle en plus de la sienne.

Frustration spirituelle : La femme au foyer manque de stimulation. Personne ne l'obligeant à penser, elle ne pense pas. Et comme ses amies sont dans le même cas, elles ne peuvent s'apporter aucune aide réciproque.

Frustration sexuelle : Il ne reste pas beaucoup de force à un homme qui a subi toute la journée la tension d'esprit que comporte l'exercice d'un métier, pour se livrer à son retour à une activité sexuelle. À cet égard, la femme au foyer ne saurait connaître le bonheur qu'en étant, dans une certaine mesure, frigide.

Dépendance économique : Dans nos pays occidentaux, les femmes ne dépendent pas directement de l'homme au point de vue financier, car, selon les statistiques, elles administrent de façon absolument autonome la plus grande partie des gains de leur compagnon. Mais dans le cas d'un divorce, leur niveau de vie se trouve durement atteint. Du fait qu'elles contractent fréquemment un « mariage de raison » et qu'elles choisissent leur partenaire non pas d'après ses aptitudes amoureuses mais pour ses capacités de père nourricier, elles doivent ensuite vivre avec un homme pour qui elles n'éprouvent presque aucun sentiment. Mais le divorce d'avec cet homme entraîne toujours une réduction brutale de leur confort.

Dépendance sociale : Le fait que la presse consacre une place grandissante au statut de la femme au foyer, dont elle fait grand cas, est la meilleure preuve que le prestige de cette activité importante décroît dans la mesure où on exige de moins en moins d'elle. La femme au foyer n'a plus aujourd'hui que le prestige social de son mari : sans lui, elle n'est rien. Car son travail ne comporte rien qu'un enfant de dix ans ne puisse apprendre en moins d'un mois.

Névrose de la femme au foyer : D'une part, de sa propre expérience, la femme au foyer sait qu'elle vit cent fois mieux que son mari. D'autre part, on lui répète que c'est là une duperie : c'est lui, et non elle, qui mène la bonne vie. Et l'homme se fait le propagateur de ce mot d'ordre pour justifier sa condition d'esclave. Les mass-média, dans leur publicité, le reprennent pour flatter la Femme consommatrice. Les politiciens s'en font l'écho pour qu'elle vote pour eux. Si elle ne se rend pas compte de ce jeu, elle n'arrive plus à faire coïncider la réalité avec l'interprétation qu'on lui en donne. Elle fait alors une névrose.

Pour échapper aux inconvénients de leur vie de ménagère, de nombreuses femmes s'en sortent d'une manière qui paraît de prime abord tout à fait raisonnable : elles cherchent à travailler au dehors. Comme elles se présentent sur le marché du travail dans des conditions tout à fait différentes des hommes — *elles ne sont pas obligées de travailler* — de nouveaux inconvénients s'ajoutent aux précédents :

Discrimination : Du fait qu'il y a peu de femmes prêtes à assumer toute leur vie l'entretien d'un homme bien portant et de leurs enfants, et comme il y a encore moins de femmes, si l'on en croit les statistiques, qui travaillent toute la journée plusieurs années de suite, les chefs d'entreprise, à qualification égale, donnent toujours la préférence aux postulants masculins :

a) pour des raisons de rentabilité : on peut compter davantage sur les hommes que sur les femmes, parce qu'ils sont obligés de travailler. Rares sont ceux qui peuvent se permettre d'abandonner à n'importe quel moment leur travail pour « se consacrer à leur famille », et encore plus rares les épouses qui le leur permettraient.

b) pour des raisons d'humanité : les hommes qui travaillent, en règle générale, nourrissent plusieurs personnes avec leur salaire tandis que les femmes, dans leur grande majorité, n'ont qu'elles-mêmes à nourrir. S'il s'en tient au calcul des probabilités, un chef d'entreprise prend la décision la plus humaine en attribuant à l'homme le poste disponible.

c) pour des raisons de rivalité sexuelle : tant que l'homme identifiera sa virilité avec sa réussite professionnelle, toute collègue féminine qui réussira professionnellement représentera un danger pour l'idée qu'il a de lui-même. L'homme qui fait quelque chose que les femmes elles aussi sont capables de faire est dépourvu de virilité d'après les critères actuels. Plus il freine l'avancement des femmes, plus il se protège, lui et ses collègues masculins, contre une perte de « virilité ».

Fatigue et tension d'esprit : Compte tenu de la pause de midi et des trajets aller et retour, la journée de huit heures représente une absence de dix à onze heures pour l'homme, et la femme chargée de famille (comme pour son mari, mais n'est pas question de lui pour le moment) un travail supplémentaire au cours de la soirée.

Mauvaise conscience : Les femmes qui travaillent à plein temps et ne veulent pas entretenir leur mari — ou dont le mari refuse de se laisser entretenir — et qui ne renoncent pas pour cela à avoir des enfants, sont obligées de les confier à des étrangers dix à onze heures par jour ou de les placer dans des institutions qui constituent un milieu clos. Aussi ont-elles mauvaise conscience, et à juste titre, vis-à-vis de leurs enfants. Et la femme qui reste chez elle accuse en plus celle qui travaille au dehors d'être une mauvaise mère. D'ailleurs, ce sont là deux ennemies acharnées : la femme qui travaille et qui s'occupe malgré tout de son intérieur prouve à celle qui y consacre tout son temps qu'elle a vraiment peu de chose à faire, tandis que cette dernière, en affirmant le contraire, gère que l'autre néglige des devoirs importants. Réciproquement, toutes deux se condamnent et se poussent à bout.

Du fait qu'elle n'est pas réellement obligée de travailler dehors, la femme qui s'occupe de son foyer abandonne souvent son poste extérieur à cause de toutes ces difficultés, renforçant ainsi le préjugé des chefs d'entreprise contre le personnel féminin. Chaque femme qui, en quittant son travail de se discriminer, aggrave la discrimination dont souffrent celles qui restent à leur poste, car sa capitulation personnel prouve qu'on ne peut vraiment pas compter sur les femmes. Et les unes et les autres se trouvent prises dans le même cercle vicieux.

LA FEMME QUI TRAVAILLE À TEMPS PARTIEL SE DISCRIMINE ELLE-MÊME

Devant les désavantages d'une occupation à plein temps, beaucoup estiment que les maîtresses de maison qui s'ennuient chez elles doivent chercher leur bonheur dans le travail à temps partiel. Là, elles n'auraient à négliger ni leur intérieur ni leurs enfants tout en menant une vie plus variée. Mais c'est un faux calcul, car si le travail à temps partiel n'offre pas les inconvénients de l'occupation à plein temps, il a d'autres désavantages. Le travail à temps partiel est :

a) *difficile à trouver :* dans notre monde occidental qui fonctionne d'après les lois de l'économie de marché, les chefs d'entreprise, s'ils n'agissent pas de propos délibéré dans un but charitable, n'ont besoin de travail à temps partiel que dans les périodes de chauffe, c'est-à-dire quand on ne trouve plus personne pour travailler de quarante à cinquante-cinq heures par semaine. Dans la pratique, cela signifie que le travailleur à plein temps est le premier à choisir parmi les postes disponibles et qu'en plus on lui donne la préférence pour les travaux les mieux payés et les plus intéressants. Le travailleur à temps partiel doit accepter ce que les autres lui laissent et se contenter du travail le plus mal payé et le plus monotone.

b) *difficile à conserver :* une entreprise qui travaille d'après le principe du gain maximum se débarrassera d'abord, en temps de crise, des travailleurs saisonniers et à temps partiel. D'une part, ce sont eux dont l'entreprise se passe le plus aisément, et d'autre part elle n'a pas besoin de les ménager parce que, lors de la reprise économique, ce sont eux qu'on parviendra à remplacer le plus rapidement. Et comme ce sont les travaux les plus monotones qui peuvent être exécutés le plus facilement par une machine, les travailleurs à temps partiel sont toujours les premiers à être les victimes de l'automation.

c)		*difficile à développer :* les travailleurs à temps partiel ont logiquement les chances les plus réduites d'avancement dans le cadre de la hiérarchie d'une firme. Puisqu'on préfère pour les postes importants ceux qui sont constamment disponibles, il est difficile de progresser dans un travail à temps partiel.

Le grand public critique ces désavantages des travailleurs saisonniers et à temps partiel en prétendant qu'il s'agit encore d'une « discrimination de la femme ». Mais il s'agit vraiment de tout autre chose. Hommes ou femmes, les travailleurs à temps partiel sont toujours les plus mal payés, doivent exécuter les travaux les plus ennuyeux, n'ont guère de chances d'avancement et sont les premiers licenciés en temps de crise. Si ces conséquences de l'économie de marché peuvent être interprétées comme une discrimination à l'égard d'un sexe, ce n'est que parce qu'il y a tant de femmes et si peu d'hommes qui recherchent un travail à temps partiel — car les femmes ne sont presque jamais obligées de nourrir quelqu'un d'autre qu'elles-mêmes.

Quoi qu'il en soit, ce que les femmes espèrent d'un emploi à temps partiel — un changement de vie, l'indépendance, une confirmation de soi-même, du prestige social — ne s'y trouve presque jamais. Tôt ou tard, la travailleuse à temps partiel renonce elle aussi à son travail. Du fait qu'elle n'a réellement pas besoin de cet argent (en Allemagne de l'Ouest, trente-huit pour cent seulement des femmes mariées travaillent à cause du gain que cela représente, cf.

Bevolkerung und Kültur, 1974, Stat. Bundesamt, Wiesbaden), elle trouve plus agréable de s'ennuyer chez elle que de se livrer ailleurs à des travaux stupides et mal rétribués. Contrairement à la femme qui travaille toute la journée et abandonne son emploi, son départ ne nuit pas à ses collègues féminines. Puisque les hommes, une fois adultes, recherchent toujours autant de travail que possible, le marché du travail partiel demeure de toute façon le domaine des femmes et des étudiants.

En résumé, on peut dire que ni la femme au foyer ni celle qui travaille au dehors ne sont totalement satisfaites. Ces deux possibilités ne comblent pas tous leurs désirs, et la plupart des femmes sont donc d'avis qu'elles ont le droit d'être heureuses, sans désirs à satisfaire. Pour les y aider, on leur a soumis différentes propositions : *Suppression du mariage, Suppression des enfants, Prisons d'enfants, Échange des rôles, Mariage-Association.* Chacun de ces modèles présente des inconvénients majeurs : ils ne plaisent pas aux femmes et — bien que cela ne nous importe pas vraiment — ils ne plaisent pas non plus aux hommes.

ABOLIR LE MARIAGE, C'EST SUPPRIMER LA PASSION

Tout mariage est une déclaration publique de renonciation et par cela même un moment important de l'amour. Car le monde est plein d'hommes — de femmes — dont on peut tomber amoureux, et le fait qu'après une expérience malheureuse on se console presque toujours avec un autre partenaire en est une preuve suffisante. Aussi le fait qu'on choisisse une certaine personne parmi toutes celles qu'on peut éventuellement aimer et qu'on renonce par cette décision à toutes les autres, est-il pour celui ou celle qui est l'objet de ce choix un événement tout à fait exceptionnel. Et comme on ne peut garder pour soi les nouvelles sensationnelles, les couples d'amoureux qui s'unissent éprouvent un énorme besoin de communication. D'abord, ils font part de l'événement à leurs amis et à leur famille, mais bientôt cela ne leur suffit plus. Ils font publier dans un journal ou un communiqué par lequel ils proclament leur intention de renoncer à tout autre partenaire, envoient des faire-part imprimés où ils manifestent leurs sentiments intimes à des gens qu'ils connaissent à peine, se jurent mutuellement, en présence de témoins, loyauté, concorde et fidélité, organisent des réunions petites et grandes auxquels tous doivent assister dans leurs plus beaux atours, etc.

Toutes ces cérémonies sont absolument inévitables, et elles demeurent les mêmes pour les amoureux d'un milieu social donné. Lorsqu'un couple ne proclame pas devant son entourage son amour exactement de la même façon que les autres, cet amour, tôt ou tard, lui paraîtra de nature inférieure. Dans un village sicilien on ne peut pas se mettre en ménage comme cela, tout simplement : pour que l'amour d'un couple ait la même valeur que celui des autres, il faut passer par l'église. Dans d'autres régions, les couples aux idées avancées se contentent de la mairie et envoient immédiatement après des faire-part peu formalistes puisque leurs amis progressistes l'ont fait avant eux. Celui qui fréquente les cercles intellectuels d'orientation gauchiste ou le milieu « pop » aura tendance à vouloir un « mariage sans acte de mariage », car un amour sanctionné par l'« establishment » n'est pas, dans ce milieu, un amour « authentique ». Par conséquent, le cérémonial des noces bourgeoises est transformé et devient alors une anti-cérémonie. Pendant que le petit bourgeois à l'esprit étroit annoncera globalement à ses relations qu'il a trouvé son grand amour, sa contrepartie antibourgeoise expliquera que l'amour qu'il porte à sa partenaire, avec laquelle il vit « comme ça tout simplement », est assez grand par lui-même pour durer sans besoin de « paperasses ».

Cependant, dans tous ces cas, c'est de durée qu'il s'agit. Quiconque aime, veut aimer pour l'éternité. Il veut pouvoir jurer que sa décision est irrévocable. C'est justement parce qu'un amour est toujours plus ou moins le fruit du hasard et parce qu'on sait que, parmi les quatre milliards d'êtres humains qui vivent sur cette terre, il y en a au minimum quelques centaines de mille qu'on pourrait aimer avec la même intensité, qu'il faut affirmer que cet amour-là est unique. Et les autres doivent confirmer que ces deux êtres vraiment s'appartiennent. Et comme ils ne peuvent le faire que s'ils le savent, il faut le leur dire. Quand on se soustrait à de telles explications, quand on épouse — ou qu'on n'épouse pas — selon les règles de son milieu, celui ou celle qu'on aime, c'est qu'on est déjà marié avec quelqu'un d'autre ou encore, en dépit des apparences, qu'on n'aime pas.

Un amour a besoin non seulement de cérémonial, mais de symboles. Non seulement le monde doit apprendre que deux êtres constituent désormais un couple, mais il ne doit plus l'oublier. C'est la raison pour laquelle un couple d'amoureux se pare de « signes d'appartenance », inscrit son nom commun sur la porte d'entrée et procrée ensemble des enfants. Leur décision doit sembler aussi irrévocable que possible car, tout amour n'étant qu'un choix parmi tant d'autres, les amoureux ne redoutent pas les liens que l'amour comporte, mais la liberté qu'il leur laisse encore. Pour maîtriser cette angoisse, il n'y a pas de moyen plus indiqué que l'enfant. Seul l'enfant confère un caractère unique à la communauté de deux personnes. Elles deviennent alors père et mère d'un être humain déterminé à qui elles sont indispensables, elles sont désormais solidaires. Aussi aucun autre symbole d'amour n'est-il autant désiré que l'enfant. Il est bien plus efficace que la bague au doigt, que les plaques d'entrées gravées au même nom et que tous les certificats, car il confère à la vie commune d'un homme et d'une femme — chacun d'eux sachant très bien qu'il pourrait vivre avec quelqu'un d'autre — ce qui lui manquait jusqu'alors.

En d'autres mots, vouloir supprimer le mariage, c'est devoir supprimer aussi l'amour, et quiconque plaide en faveur d'une union sans enfants devrait d'abord prêcher la solitude. Et il n'aurait aucun succès. Certes, il y aura bien des hommes et des femmes qui voudront acheter leur liberté en demeurant seuls, mais cette propagande ne touchera pas la majorité des hommes et des femmes. Il existe tant de mécanismes biologiques et psychiques qui exigent l'institutionnalisation de la communauté que forment deux êtres, que tout effort de changement dans ce domaine est voué à l'échec. Généralement, qui aime veut épouser, et qui épouse veut en général des enfants. Que cela soit juste ou non est une question superflue, et vouloir y changer quelque chose serait peine perdue.

Ce qu'il y a de macabre dans l'amour, ce ne sont pas ses symboles, mais le mauvais usage qu'on fait d'eux. Ainsi, on peut remplacer le sentiment que représente un symbole par ce symbole lui-même et, par exemple, se servir d'un enfant pour emprisonner dans une communauté qu'on ne peut dissoudre qu'avec peine celui qui vous a aidé à le faire. L'exploitation des symboles est bien le plus courant et le plus impuni de tous les méfaits, car il est facile d'organiser des crimes de cette sorte et presque impossible de les prouver. On dénonce la violence des guerres de conquête, mais on les excuse au nom de la croix ; on condamne de vulgaires assassins, mais on fête souvent ceux qui tuent par conviction politique ; on met sous les verrous les maîtres-chanteurs, mais un conjoint criminel — coupable fréquemment d'un double chantage sur l'adulte et sur l'enfant — demeure libre et est même protégé par la loi.

Normalement, un mariage a pour conséquence la prise en charge de la femme par l'homme : il est donc compréhensible que ce soit surtout la femme qui tente d'exploiter les symboles de l'amour et que ce soit surtout l'homme qui doit redouter le mariage. Celles qui se marient seulement pour obtenir des avantages matériels et qui, pour mieux les assurer, mettent des enfants au monde, sont comme des vaisseaux de guerre qui se camouflent en navire-hôpital ou comme des soldats qui hissent le drapeau blanc pour tirer dans le dos de l'ennemi. Parmi les nombreuses jeunes filles qui s'offrent à un mari éventuel, combien sont-elles à s'abandonner réellement, et pour combien d'autres le drapeau blanc n'est-il qu'un leurre ? Si les hommes se marient encore, cela ne plaide pas en faveur de la femme, mais apporte la preuve que cette institution est bien indestructible. Et en effet, deux êtres qui s'aiment ont autant besoin du mariage l'un que l'autre.

Abolir le mariage, ce serait éteindre le désir chez l'homme comme chez la femme. Pour l'homme, le mariage est la soupape de sûreté de son amour, et la femme en a doublement besoin, aussi bien quand elle aime que lorsqu'elle n'aime pas. Dans l'intérêt de la femme, on ne supprimera donc pas le mariage, et puisqu'il en est ainsi, on ne voudra pas le supprimer dans l'intérêt de l'homme.

Abroger cette institution pour que les femmes soient obligées de subvenir elles-mêmes à leurs besoins serait mettre la charrue avant les bœufs. Le mariage, dans sa forme actuelle, ne pourra être supprimé que lorsque les femmes gagneront elles-mêmes de quoi vivre, et dès lors son abolition ne sera plus nécessaire. Quand elles ne rechercheront plus d'avantages dans le mariage, elles ne le détourneront plus de son but : ou elles ne se marieront pas du tout, ou elles se marieront comme les hommes : par amour.

Naturellement, il faudra bien pouvoir éliminer un symbole dès qu'il ne symbolisera plus rien. Même si on se jure le jour des noces qu'on renonce à jamais à tout autre amour, il sera nécessaire de pouvoir revenir plus tard sur sa décision. Quand on fait à l'âge de vingt ans le serment d'être éternellement fidèle, on se trouve manifestement dans un état d'exaltation tel que la capacité de jugement se trouve diminuée et qu'il serait malhonnête de vous prendre au mot plus longtemps que vous ne le désirez vous-même. L'entourage ne doit pas seulement accueillir avec bienveillance cette déclaration de renonciation à tout autre amour, il doit pouvoir l'oublier avec une bienveillance égale. On devra toujours demeurer capable de jurer qu'on renonce à tout autre amour, et cela chaque fois au bénéfice d'un autre.

LA FEMME QUI TRAVAILLE MET SES ENFANTS EN PRISON

Dans nos pays industrialisés de l'Ouest, il existe encore des familles si pauvres que mari et femme doivent travailler tous les deux après la naissance de leurs enfants. Ce n'est pas d'eux qu'il est question ici. En règle générale, dans nos pays, un adulte, avec son salaire, peut faire vivre en moyenne une famille de trois à quatre personnes à condition d'en restreindre provisoirement la consommation. La plupart du temps, la femme cesse de travailler après la naissance du premier enfant sans que pour cela la famille soit obligée de renoncer à un certain confort : auto, réfrigérateur, machine à laver, appareil de télévision.

Parmi tous les travaux monotones, fatigants et humiliants qui sont aujourd'hui offerts aux femmes, il en est pourtant quelques-uns qui leur apportent de la joie. Dans le cas surtout où le conjoint assume la responsabilité d'assurer le minimum vital, une occupation rétribuée peut devenir totalement un « hobby », quelque chose de distrayant, qui dispense un certain prestige : vous n'y êtes pas obligée, et à la moindre difficulté vous donnez tout simplement votre démission. Les femmes renoncent rarement à cause de leurs enfants à un emploi qui les distrait. Elles ne demandent pas non plus à leur conjoint de rester auprès des gosses : ce serait la fin de l'amusement. Elles ne s'abstiennent pas non plus de mettre des enfants au monde. Elles en veulent bien, mais à condition, grands dieux, de ne pas les avoir tout le temps sur le dos. Il y en a qui les confient à leur mère ou à leur belle-mère, à une domestique ou à une gouvernante. Cependant, un enfant se soucie peu des degrés de parenté, et son affection va toujours à qui s'occupe de lui ; dans ce cas, la mère est souvent jalouse. Bien qu'elle ne désire pas à proprement parler avoir son enfant près d'elle, elle veut être la seule femme à être aimée de lui. Pour élever leur progéniture, les femmes émancipées ont eu une idée tout à fait singulière : elles placent leurs enfants dans des institutions où on les tient enfermés. Là, ils n'aiment aucune autre femme et ne sont aimés d'aucune autre.

Car ces crèches, ces pouponnières, ces écoles où l'enfant reste toute la journée, toutes ces institutions si appréciées où les gosses doivent passer tout leur temps, ne sont fondamentalement rien d'autre que des prisons. Un enfant qu'on y délivre à l'aube pour ne le reprendre que le soir est privé de sa liberté. Un adulte qui, sans raison contraignante, oblige son enfant à mener une vie pareille, se livre à un brutal abus de pouvoir contre un être qui lui fait confiance et est encore trop jeune pour défendre lui-même ses droits. Et comme ce délit ne figure dans aucun code pénal, tout le monde s'est mis d'accord pour le considérer comme totalement inoffensif.

Dès qu'on rassemble un grand nombre d'êtres humains dans un espace restreint, il se crée immédiatement entre eux une hiérarchie, c'est-à-dire un rapport de forces auquel nul ne peut se soustraire. Même dans les installations les plus exemplaires comme les garderies d'enfants en Scandinavie, il y a obligation de rendement, rivalité, répression des qualités individuelles, violation de l'intimité et terrorisme à l'égard des marginaux. Il est nécessaire d'apprendre très tôt ces mécanismes et de s'y adapter, car les rapports avec nos semblables constituent une partie importante de notre vie. Mais ces rapports ne sont pas tout. La vie ne se compose pas seulement de dépendance, mais d'indépendance. Si l'on doit apprendre à s'adapter à l'existence en groupe, on doit également avoir la possibilité d'exercer librement sa liberté et d'en jouir. Un être humain obligé de vivre du matin au soir avec un grand nombre d'autres dans un espace limité y apprend la maîtrise de soi et l'exercice du pouvoir. Il apprend à obéir et à commander, mais non à vivre avec sa liberté, sa sensibilité, son individualité.

Le fait que de nombreux enfants donnent l'impression, après *la* « période de transition », comme disent les pédagogues, de se sentir tout à fait bien dans leur prison, ne prouve malheureusement rien. Cela peut signifier d'une part que leur foyer familial est encore plus désespérant que l'institution qui le rem- place, et d'autre part qu'ils s'en sont accommodés. Comme on le sait, les enfants s'habituent à tout, même à la guerre, aux mauvais traitements et à la terreur. C'est justement cette candeur, cette faculté illimitée d'adaptation même au milieu le plus inhumain, qui nous émeuvent le plus. Que les femmes obligent leur mari à passer leur vie dans des pénitenciers, nous nous sommes faits à cette idée. Mais qu'elles exigent en plus que leurs enfants subissent le même sort, c'est là une preuve, assez récente celle-là, de l'insensibilité féminine.

Dans beaucoup d'endroits, leur exigence a déjà triomphé. Certes, dans la plupart de nos pays occidentaux, il y a encore moins de crèches que les femmes le demandent, mais le commencement de la scolarité ressemble fort à un internement dans une maison d'arrêt. Les cours durent en moyenne de huit heures du matin à quatre, cinq et même six heures de l'après-midi. Bien que dans quelques pays, Espagne, Italie, Pays-Bas, les mères n'exercent que rarement un métier, aucune d'elles n'imagine même en rêve d'intervenir contre l'emprisonnement de leurs protégés dans les plus désespérantes de ces casernes-écoles. Alors qu'elles ne permettraient jamais qu'on les prive de leur liberté d'une manière aussi brutale, elles estiment qu'un tel sort est tout à fait justifié quand il s'agit de leurs enfants.

En Angleterre, il arrive souvent qu'on sépare même totalement les enfants de leurs parents et qu'on les envoie dans des institutions closes d'où ils ne doivent sortir que de temps à autre pour les week-ends et pendant les vacances. Les conséquences sont catastrophiques. Le proverbial *understatement* de la classe supérieure anglaise, dont les membres sont fréquemment élevés dans ce genre d'établissements, n'a que bien rarement pour cause une force particulière de caractère. Vraisemblablement, il s'agit des répercussions de cet internement. On sait que ceux qui passent de nombreuses années dans de tels foyers deviennent insensibles, indifférents et incapables de réagir émotivement. Même quand ils le veulent, ils ne peuvent plus s'émouvoir. À la suite d'un long internement, la patience et un comportement disciplinaire sont devenus chez eux une seconde nature.

L'HOMME « AU FOYER » N'A RIEN D'ÉROTIQUE

Pour toutes ces raisons, les couples qui se soucient du bien de leur progéniture sont les adversaires absolus des crèches et des écoles à plein temps. Ils trouvent naturel que dans une famille avec enfants l'un des adultes demeure à la maison, et il arrive souvent qu'ils estiment aussi naturel que cet adulte soit le mari.

Mais alors, pourquoi cet échange de rôles est-il si rare ? Pourquoi les quelques hommes qui s'y prêtent se trouvent-ils assiégés par les journalistes et guettés par les photographes et la télévision quand ils exercent une activité aussi simple, comme s'il s'agissait d'une expérience scientifique des plus osées ? Pourquoi les quelques couples qui pratiquent — au moins provisoirement — l'échange des rôles avec toutes les conséquences qu'il comporte, sont-ils l'objet de la même curiosité que les animaux rares, les travestis, les stars de cinéma et les assassins auteurs de crimes en série ? Il y a à cela deux raisons :

a)   Le parent qui reste avec les enfants mène généralement la vie la plus facile. Il semble donc curieux que la femme, qui détient le pouvoir de choisir, assume de bon gré le travail le plus pénible.

b)   Les hommes qui, avec leurs enfants, se laissent entretenir par une femme, sont des gens qui font peu de cas de l'opinion des autres. Une telle indépendance choque beaucoup ceux qui se soucient de leur image de marque et qui ne se sentent « virils » ou « féminins » que s'ils se comportent comme l'ordonne la norme, c'est-à-dire la norme établie par les femmes.

Mais ces raisons suffisent-elles à expliquer complètement l'extrême rareté d'un véritable échange des rôles (par échange véritable, il faut entendre celui où un homme *en bonne santé* s'occupe de son foyer familial *toute sa vie durant,* comme une bonne ménagère, tandis que la femme pourvoit aux besoins de tous) ? N'y a-t-il pas d'autres motifs qui entrent en jeu ? Cet échange est-il vraiment désirable et apporte-t-il des avantages à la société ?

À vrai dire, toutes ces questions sont superflues : à cause de l'immense puissance dont disposent les femmes, les prémisses en sont absurdes. L'échange des rôles n'est pas praticable parce que la grande majorité des femmes n'admettront jamais de subvenir seules, pendant des dizaines d'années, aux besoins de leur mari et de leurs enfants. Mais puisqu'on recommence sans cesse à discuter publiquement de ce projet, peut-être serait-il utile de faire un instant abstraction de la prépondérance de la femme et de raisonner comme si l'échange des rôles était vraiment possible. Deux variantes se présentent :

1.   L'échange total : toutes les femmes assument le rôle de l'homme et tous les hommes celui de la femme.

2.   L'échange partiel : une partie des femmes assume le rôle de l'homme, et une partie des hommes celui de la femme.

Quels avantages et quels inconvénients présentent ces deux modèles ?

L'échange total des rôles n'apporte de toute façon aucun avantage. La situation serait exactement celle d'aujourd'hui, mais comme renversée dans un miroir : les condamnés aux travaux forcés à perpétuité ne seraient plus les hommes, mais les femmes. Et ce seraient elles qui, lancées sur le marché du travail, seraient exploitées, soumises au chantage et privées de leurs droits essentiels. Du fait que les hommes vivraient plus longtemps qu'elles, la politique serait déterminée par une majorité masculine et non féminine. Ce serait l'homme et non la femme qui, étant le gros consommateur, dominerait l'économie et la formation de l'opinion. Ce serait encore lui, et non plus elle, qui formerait également les générations suivantes d'après ses propres valeurs et qui préparerait les enfants de son sexe à leur rôle de parasites. Et n'étant plus soumis à la concurrence intellectuelle que suscite la lutte pour la vie, ce serait l'homme qui s'abêtirait, et après quelques dizaines d'années il en serait au point où en est aujourd'hui sa compagne : il ne s'intéresserait plus à la situation économique et politique, il ne saurait plus comment fonctionne une auto, et pour installer une prise de courant ou écrire une lettre au gérant de l'immeuble, il attendrait tranquillement le retour de « la » chef de famille.

En d'autres termes : l'échange total des rôles, même s'il entrait dans le domaine du possible, serait totalement dépourvu de sens. Car peu importe fondamentalement que ce soient les hommes ou les femmes qui aient le pouvoir : la situation serait aussi injuste qu'aujourd'hui, sauf qu'un sexe aurait détrôné l'autre. Ce serait la femme et non l'homme qu'on apprécierait d'après son utilité : de beaux jeunes gens feindraient d'être passionnément amoureux de vieilles dames à belle situation, ils mettraient à refroidir le champagne dans un seau à glace pour fêter une augmentation d'appointements, et le soir ils se plaindraient à leur compagne, malgré sa fatigue, de la monotonie du travail ménager, des désobéissances des enfants et de la bêtise de leurs amis... Bref, disons-le nettement : un échange total des rôles aurait pour conséquence l'exploitation, une fois de plus, d'un sexe par l'autre, mais en sens contraire, et le but que nous recherchons ici — une vie meilleure pour tous — demeurerait toujours aussi éloigné.

Bien plus intéressantes sont les perspectives de l'*échange partiel des rôles,* celles d'un monde où une partie des femmes assumerait les tâches des hommes ; voyons d'abord les avantages :

1.   Les enfants ne seraient plus élevés seulement par l'un des sexes. Dans une famille, l'éducatrice serait la femme, et dans l'autre l'homme. Les normes de la société ne seraient plus uniquement dictées par les femmes.

2.	Les hommes ne seraient plus les seuls à devoir passer leur vie dans des pénitenciers. Dans une famille, l'interné serait l'homme, dans l'autre, la femme.

3.	Le pouvoir politique ferait l'objet d'une plus juste répartition. Du fait que les *femmes qui travaillent sous pression* meurent au même âge que les hommes soumis au même régime — comme le prouvent les enquêtes les plus récentes — l'équilibre des populations masculine et féminine serait à peu près rétabli après quelques dizaines d'années.

4.	L'opinion publique ne serait plus déterminée par les femmes, les grandes consommatrices d'aujourd'hui. Les achats principaux étant faits aussi bien par l'un que par l'autre, les campagnes de publicité pour les biens de consommation ne s'adresseraient plus seulement à elle, mais aussi à lui. Et on verrait diminuer automatiquement l'influence que la femme exerce sur les mass-média par l'intermédiaire de la publicité.

5.	Connaissance et ignorance ne seraient plus les caractéristiques d'un sexe déterminé. Selon les cas, le membre du couple qui s'exposerait à la lutte pour la vie serait obligé de cultiver ses facultés intellectuelles, et celui qui éviterait cette lutte — tantôt l'homme, tantôt la femme — pourrait s'offrir le luxe de la bêtise.

Ainsi l'échange partiel des rôles comporterait beaucoup d'avantages. Pourquoi donc ne séduit-il pas la plupart des individus ? Pourquoi les femmes équitables (celles qui n'acceptent pas que l'homme soit toujours obligé de gagner l'argent), les privilégiées (jeunes filles riches, divorcées et veuves riches), et celles pour qui leur profession est un divertissement (artistes, journalistes, hôtesses, modèles de photos, propriétaires de magasins de luxe, etc.) préfèrent-elles n'avoir pas d'homme du tout que d'entretenir un homme au foyer ?

Cela s'explique par les conditions nécessaires à la genèse du désir. L'homme qui, avec toutes les conséquences, assumera le rôle de la femme au foyer, n'apparaîtra plus assez marqué au point de vue sexuel aux yeux de ces femmes indépendantes, c'est-à-dire qu'il ne produira plus sur elles aucun effet érotique. Car, avec le rôle de la femme au foyer, il en assumera non seulement les activités mais aussi le comportement. Certes, pour commencer, il y aura dans tous ses gestes quelque chose de maladroit — de différent d'une femme — qui pourra paraître masculin. L'homme qui ne nourrit son enfant qu'occasionnellement, lave la vaisselle, passe l'aspirateur, prépare son repas seulement de temps à autre, peut être attirant pour sa partenaire justement parce qu'il a une tout autre façon de le faire. Mais « l'homme au foyer » qui, après au maximum un an, aura mis au point une routine que la plupart des femmes ne trouveront pas particulièrement virile, mais féminine, aura perdu pour elles tout son pouvoir de séduction érotique. Pour chaque problème, il n'y a en effet qu'une solution optimale, et à toute activité manuelle correspondent certains mouvements qui sont la solution recherchée. Il n'y a qu'une manière de bien donner le biberon à un nourrisson, de suspendre le linge comme il faut, de tenir convenablement une cuiller de cuisine, de passer l'aspirateur sans laisser de poussière et de faire à fond la vaisselle. Cette façon d'exécuter ces tâches le plus vite possible et sans à-coups, est celle que pratiquent les ménagères expérimentées.

Tôt ou tard, l'homme au foyer commencera non seulement à faire ces travaux comme les femmes, mais à adopter leur comportement et leur gesticulation. En servant un repas, il aura un sourire de triomphe (c'est lui qui l'a préparé, n'est-ce pas ?), il regardera avec inquiétude quelqu'un qui marche sur son tapis avec des souliers sales (n'est-il pas responsable de la propreté du foyer ?), il ouvrira la fenêtre quand on aura trop fumé (l'air frais, c'est de son ressort), il mettra un beau tablier pour se livrer à certaines de ses activités et chantonnera joyeusement pour certaines autres. Non seulement, il imitera les femmes, mais il deviendra comme elles. Il sourira comme une femme, réagira comme une femme et ne s'intéressera plus qu'à ce qui est aujourd'hui le domaine des femmes. Quand un couple qui pratique la répartition traditionnelle des tâches sera en visite, l'homme au foyer, après le repas, montrera à la visiteuse la cuisine et la chambre d'enfants, tandis que sa femme, qui elle travaillera à l'extérieur, restera dans la salle de séjour à discuter politique avec le visiteur.

Voilà toutes les raisons pour lesquelles l'homme au foyer n'est pas une solution pratique. Il n'a plus rien d'érotique, du moins pour l'instant. On se demande toujours pourquoi de nombreuses femmes qui travaillent au dehors n'abandonnent pas à leur mari certaines activités ménagères. Puisque la femme a tant de pouvoir, comment se fait-il que, dans la plupart des cas, c'est elle qui, après une longue journée de travail, prépare le repas du soir, et que c'est encore elle, et non le père (lui aussi exerce une profession) qui met les enfants au lit ? L'explication est simple. Les femmes qui accordent une certaine valeur à leur vie sexuelle se protègent instinctivement contre la féminisation de leur compagnon et cherchent à l'éloigner des activités spécifiquement féminines. Elles préfèrent ne pas devoir parler trop souvent de recettes de cuisine avec l'homme qu'elles veulent dans leur lit, et elles n'aiment pas le voir emmailloter le bébé avec les mêmes gestes que leurs amies. Peut-être pourront-elles s'y habituer ? Plus tard — si jamais leur conception des qualités spécifiques de chaque sexe se modifie — trouveront-elles peut-être qu'un homme au foyer est particulièrement viril ? Nous n'en sommes pas là, et la période de transition s'annonce si pleine de frustrations pour tous qu'il faut absolument l'éviter.

De toute façon, ce danger est seulement hypothétique. La plupart des femmes, pour des considérations purement pratiques, n'approuveraient pas l'échange des rôles. Et même les maris dressés pour être des pères nourriciers ne consentiraient qu'à certaines conditions à un tel compromis : le temps pour eux d'achever simultanément des études qui leur permettraient plus tard de gagner beaucoup d'argent, le temps d'écrire un livre avec lequel ils voudraient révolutionner la littérature, celui de bricoler une invention qui enrichirait toute la famille. Les rares « hommes au foyer » qui soient authentiques, les « pionniers », sont pour l'instant si occupés par les interviews et les discussions à la télévision que leur statut ne peut être comparé à celui de la véritable ménagère qu'avec énormément de bonne volonté.

LE « MARIAGE-ASSOCIATION » PRÉSENTE UN DANGER MORT

Devant toutes ces difficultés, de nombreuses personnes ont proposé une dernière solution : le « mariage-association ». Dans ce modèle, la famille ne vit que sur un salaire unique, mais qui est gagné par les deux membres du couple : chacun d'eux travaille hors du foyer familial, mais seulement la moitié du temps habituel. L'un comme l'autre soit travaille à *temps partiel,* c'est-à-dire la moitié de la journée ou seulement deux ou trois jours par semaine, soit se livre à un travail *saisonnier* : l'un d'eux pendant une certaine période, l'autre pendant la période suivante, à tour de rôle.

Comparé à d'autres modèles de mariage, le mariage-association présente deux avantages :

a) Les deux adultes travaillent l'un autant que l'autre : ils ont par conséquent exactement la même responsabilité, le même entraînement intellectuel, et une indépendance égale.

b) Les enfants du couple ne sont ni internés dans un pénitencier ni élevés unilatéralement d'après des valeurs purement féminines. C'est soit le père soit la mère qui demeure avec eux et veille sur eux.

Mais admettons que ce modèle soit réalisable, admettons qu'il y ait assez de couples prêts à l'accepter. Il présente des inconvénients si nombreux qu'on ne peut guère le proposer sérieusement. Car cette forme de vie en commun est, pour les intéressés, synonyme de pauvreté économique, d'un statut anormal, et de difficultés imprévisibles dans leurs rapports personnels.

Comme nous l'avons déjà dit, le travail à temps partiel ou saisonnier est difficile à trouver, difficile à garder, difficile à améliorer. Aussi voici les difficultés auxquelles se heurte le couple qui pratique le mariage-association :

1.   Il doit vivre avec un salaire non seulement unique, mais particulièrement médiocre, puisque le travail à temps partiel est toujours et partout le plus mal rétribué.

2.   Bien plus que tous les autres salariés, l'un et l'autre dépendront du bon vouloir du patron, car ils ne trouveront pas aisément ailleurs un arrangement semblable.

3.   Plus que tous les autres salariés, ce couple doit redouter une crise économique ou des mesures de rationalisation, car les travailleurs à temps partiel sont les premiers licenciés et, à cause de la simplicité de leurs activités, les plus facilement remplaçables par des machines.

4.   Ce couple doit prévoir qu'au cours des années sa famille pourra s'accroître sans que jamais n'augmente son revenu. Du fait que les entreprises préfèrent confier leurs travaux importants à des collaborateurs disponibles toute la journée, les emplois à temps partiel ne sont pas susceptibles d'extension, ce qui exclut tout avancement professionnel pour les intéressés.

Or, le modèle du mariage-association constitue pour un couple une épreuve non seulement économique, mais morale, et qui peut aller jusqu'au point de rupture. Le travailleur à temps partiel est noté dans son entreprise comme un marginal : d'une part, ses collègues envient sa plus grande liberté, d'autre part il n'est pour eux qu'un raté qui n'ira jamais plus loin. Du fait que la société ne juge pas les femmes d'après leur rendement professionnel — on est plutôt prêt à s'étonner quand elles font quelque chose — la femme supportera mieux que l'homme cette charge psychique. Un homme condamné à la stagnation absolue au point de vue professionnel est beaucoup plus atteint moralement qu'une femme dans la même situation.

Le plus grand danger du mariage-association provient vraisemblablement de ses conséquences sur l'amour. Car les deux membres du couple se trouvent obligatoirement transformés en jumeaux siamois : leur style de vie n'est possible que s'ils se soutiennent réciproquement avec une volonté de fer. Leur dépendance mutuelle vis-à-vis des faits extérieurs n'est pas seulement plus grande que celle des couples normaux, elle concerne également le sentiment qu'a chacun de la valeur personnelle de l'autre, car ils vivent dans une société où presque tous ont une autre échelle de valeurs qu'eux-mêmes. Et c'est là quelque chose que l'homme, une fois encore, supporte plus difficilement. Il ne représente plus que pour sa propre femme une valeur vraiment positive — un homme pour qui le travail ne constitue pas tout le sens de l'existence. Pour les autres femmes, pour toutes celles qui veulent un mari qui fasse carrière, il n'est pas un homme, mais un paresseux sans statut et sans ambition, auquel on ne peut porter un intérêt quelconque.

À la longue, une telle dépendance de l'être qu'on aime déclenche obligatoirement des sentiments d'angoisse et d'agressivité auxquels la plus grande passion ne résiste pas. Car dans ce cas précis, ce n'est qu'aussi longtemps qu'on est aimé qu'on est en sécurité : si l'on perd l'amour de l'autre, on perd non seulement celui qu'on aime, mais aussi la place qu'on occupe dans la société. D'autre part, on se tient pour moralement obligé de l'aimer toujours, puisqu'il a bâti toute sa vie sur cet amour. L'association qu'on avait imaginée devient une communauté encore plus contraignante que dans toutes les autres formes de rapports entre homme et femme. Et la contrainte rend tout amour impossible. L'amour est quelque chose qu'on donne spontanément ou pas du tout.

Tous les modèles décrits jusqu'ici semblent donc convenir très mal à l'établissement d'une échelle des valeurs érotiques de la virilité. Comme aucune de ces propositions n'est assez séduisante pour que les femmes consentent à subvenir à leurs propres besoins, aucune d'elles ne peut non plus les inciter à changer de méthode dans le choix de leur partenaire et à juger les hommes en raison de leur aptitude à l'amour.

Quelle pourrait donc être la véritable solution de ce problème ? Par quel moyen pourrait-on restituer aux hommes une nouvelle forme de virilité ?

CONDITIONS PRÉALABLES D'UNE NOUVELLE VIRILITÉ

L'HOMME NE DOIT PLUS ÊTRE UN OBJET D'UTILITÉ

Aussi longtemps qu'on mettra sur le même plan virilité et utilité, les « vrais » hommes seront toujours ceux qui se rendront utiles. Pour que la virilité bénéficie d'un nouveau système d'appréciation, il faudrait d'abord que les hommes ne soient plus pour les femmes de simples objets d'utilité comme c'est le cas aujourd'hui. Lorsque le mariage ne comportera plus pour l'homme l'obligation de faire presque tout pour la femme, tandis que la femme ne fait presque rien pour l'homme, nous pourrons voir naître une virilité différente, d'un genre lié à la spécificité du sexe masculin et non plus, comme à notre époque, à son utilité. Quiconque souhaite que les hommes mènent une existence moins ridicule ou qui désire pour soi qu'ils deviennent différents, doit donc changer la structure de la société. Comme nous l'avons dit, il ne faut pas vouloir accomplir un tel boule- versement contre la volonté des détenteurs du pouvoir ni contre les nécessités psychiques de l'être humain. Au cours de cette recherche d'une solution pratique, on devra d'abord tenir compte du fait que notre société industrielle occidentale est un matriarcat, et ensuite que les couples veulent vivre et avoir des enfants ensemble. Toutes les tentatives de réforme qui ne tiendraient pas compte du pouvoir de la femme ni du besoin qu'a notre espèce de liens affectifs durables — mariage, famille — sont d'avance voués à l'échec.

La solution du problème que nous avons posé doit donc comporter les avantages suivants :

1.   Elle doit éliminer l'intérêt financier que représente l'homme pour la femme (sans pour cela compromettre l'ensemble de la structure économique).

2.   Il devra s'agir d'une structure collective. (Les hommes qui tentent de modifier leur situation par un acte individuel deviennent rapidement des solitaires et reprennent donc bientôt leur rang d'objet d'utilité).

3.   Cette solution doit défendre contre les femmes non seulement les intérêts des hommes, mais aussi ceux des enfants et des vieillards des deux sexes (on ne peut rétablir une situation de faiblesse aux dépens d'être encore plus faibles).

4.   Elle doit garantir le maintien des modes de comportement spécifiques de chacun des sexes (sans ces comportements typiques, le monde paraîtrait trop ennuyeux à la plupart des êtres humains).

5.   Elle doit plaire aux femmes (le statut prévu pour elles devra leur paraître au moins égal à leur statut actuel).

La solution qui remplirait ces conditions préalables serait *une réduction générale du travail à cinq heures par jour* (établissement de la semaine de *vingt-cinq* heures), accompagnée des mesures suivantes :

a) Diminution des salaires, correspondante à la réduction de la *durée du* travail.

b) Augmentation des impôts sociaux.

c) *Création* d'un salaire *de* formation, indépendant du revenu des parents et *de la* famille et qui couvre les besoins fondamentaux *de tous ceux* qui se préparent à une profession (y *compris les* enfants *en bas âge, les écoliers,* étudiants et apprentis, et tous ceux qui souhaitent *se* reconvertir à un autre *métier).*

d) Congé d'un an pour la mère — ou pour le père — après *la naissance d'un enfant,* congé *spécial en* cas de maladie *du* bébé.

e) Suppression des crèches, des garderies et des établissements *d'enseignement à plein temps. Des écoles* maternelles seront ouvertes pour tous les enfants à partir d'un an, leur garde étant *limitée* à *cinq heures par* jour. Tous les *établissements d'enseignement — écoles, collèges, lycées et* universités — pratiqueront eux *aussi la journée de* cinq heures.

f) *Suppression de la* retraite obligatoire à âge fixe pour la *retraite dite* « *à la carte »,* c'est-à-dire à *l'âge* choisi par chacun.

g) Suppression du droit à un travail équivalent au profit du droit à la reconversion.

h) Interdiction des heures supplémentaires.

Ce modèle fournit les conditions préalables indispensables à l'apparition d'une nouvelle virilité, car, comme nous allons le voir, les femmes, après une telle réforme, travailleront elles aussi. Et dès qu'elles le feront, elles se mettront à choisir leurs partenaires d'après des critères tout à fait autres que ceux d'aujourd'hui. Elles ne les jugeront plus d'après leur utilité, mais d'après leur aptitude à l'amour.

Mais examinons d'abord la possibilité — au point de vue économique — de réaliser toutes ces propositions, car c'est de cela que tout dépend.

LE POTENTIEL DE LA MAIN-D'ŒUVRE A DOUBLÉ

Toute réduction du temps de travail a pour condition préalable la stabilité économique. Les réductions d'horaires dont l'histoire a gardé le souvenir ont toutes été, par conséquent, le résultat d'un calcul économique plus que l'aboutissement de considérations humanitaires. Mais un facteur demeurait alors constant : le potentiel de la main-d'œuvre. Car on ne pouvait alors compter que sur la moitié de la population adulte : les hommes. Les femmes, souvent enceintes, devaient allaiter longtemps, avaient beaucoup d'enfants, et le travail ménager était extrêmement compliqué. Les réductions du temps de travail ne pouvaient donc avoir lieu que grâce à la mise en œuvre de nouvelles machines ou à une amélioration du rendement de la main-d'œuvre disponible. Lorsqu'on a remplacé autant que possible les hommes par des machines automatiques, tout en leur accordant des repos de plus en plus longs, ils se sont moins usés à la tâche. Leur rendement total restait cependant constant et pouvait même augmenter : la structure économique demeurait intacte.

Depuis l'invention du lait maternel artificiel, et avec la régulation des naissances par la pilule et l'interruption de grossesse, depuis également l'automatisation partielle du travail ménager, nous sommes entrés dans une ère nouvelle : nous disposons de deux fois plus de main-d'œuvre puisque de nos jours les femmes elles aussi peuvent travailler. D'où trois nouvelles possibilités économiques :

a)   *On* peut employer des femmes à la place des hommes.

b)   On peut faire travailler une partie des femmes et réduire *ainsi le temps* de travail de tous.

c)   On *peut* faire travailler les *deux* sexes *également*, et donc raccourcir considérablement le temps *de* travail.

Nous avons déjà dit pourquoi la première solution est utopique. La *seconde est déjà* réalisée ; c'est à elle et à l'automatisation que nous devons la semaine de quarante à quarante-cinq heures et l'allongement des congés payés. Quant à la *troisième possibilité, elle est* vraiment sensationnelle. Il s'agit *de la réduction* draconienne du travail grâce à son partage *égal* entre les deux sexes. Or, elle n'a jamais fait jusqu'ici l'objet d'une discussion sérieuse. Pourtant, dans nos pays industrialisés de l'Occident, tout cela aurait pu être réalisé depuis au moins dix ans. Manifestement, personne n'ose tirer les conséquences pratiques de ce doublement de la main-d'œuvre, la plus grande transformation sociale de notre histoire.

RÉALISME DE LA JOURNÉE DE CINQ HEURES

Pour simplifier nos calculs, partons du principe que les pays industriels de l'Occident sont satisfaits de leurs performances économiques. Admettons en plus que le plein emploi y règne, par conséquent que le nombre total des heures de travail accomplies couvre les besoins de l'économie et que celui des chômeurs se maintient dans la proportion désirée avec les emplois vacants. Cela, naturellement, ne correspond pas à la réalité, car dans chaque pays se succèdent des phases de récession et de haute conjoncture, de chômage et de manque de main-d'œuvre. Mais pour nos calculs, ces aspects de l'économie n'offrent pas d'intérêt, du moins pour l'instant.

La condition nécessaire à la réforme que nous proposons est le maintien du statu quo économique dans le pays qui l'entreprendra, car bien qu'il s'agisse d'une réduction du temps de travail commandée par des raisons humanitaires, le fonctionnement de l'économie ne doit pas être remis en question. Toute réforme qui ne considère pas le maintien et même l'accroissement du rendement économique comme la plus importante des conditions fondamentales de sa réussite, aboutit toujours à une aggravation du fardeau de ceux dont elle devait améliorer le sort. Le problème se pose donc de la façon suivante : quelle est, dans nos états industriels, la réduction possible du temps de travail ? Et comment humaniser les conditions de vie de leurs habitants sans que ces mesures mettent leur économie en péril ?

Appuyons-nous dans notre calcul sur les statistiques des pays suivants : États-Unis, Canada, Australie, Allemagne Fédérale, France, Grande-Bretagne, Belgique, Suède, Danemark, Finlande, Norvège, Autriche ; la semaine de quarante heures y est à peu près une réalité, et déjà une femme sur deux, capable de gagner sa vie, travaille hors de chez elle. Si, au lieu d'une femme sur deux, toutes les femmes travaillaient, constituant ainsi la moitié — et non plus seulement le tiers — de la population active, le nombre total des travailleurs augmenterait d'un tiers, ce qui entraînerait une diminution d'un quart de la durée du travail de chaque individu. C'est-à-dire qu'au lieu des huit heures de travail par jour qu'on accomplit dans ces pays, une utilisation optimale du potentiel féminin permettrait de ne plus travailler quotidiennement que six heures.

Naturellement, ce chiffre est inexact et de plus trop optimiste : il ne prend pas en considération que, dans les pays mentionnés plus haut, un tiers environ des femmes qui travaillent au dehors ont des occupations irrégulières ou à temps partiel ; il ne tient pas compte de la retraite que, dans la plupart de ces pays, les femmes prennent en moyenne deux à cinq ans plus tôt que les hommes ; ce chiffre ne fait pas état de la force de travail — un à trois ans — que fait perdre le service militaire des jeunes gens ; il ne prend pas en considération les secteurs d'activité dans lesquels la semaine de quarante heures est encore une utopie (professions libérales, agriculture), ni les heures supplémentaires, ni le travail noir des hommes ; il ne tient pas compte non plus des femmes qu'on déclare, pour des raisons fiscales, comme employées dans les entreprises familiales, ni de celles qui, pour les mêmes raisons, ne sont pas déclarées dans les maisons privées où elles travaillent comme femmes de ménage. Si l'on rassemble toutes ces données (pour autant qu'elles soient connues dans chacun de ces pays) et si on les inclut dans notre calcul, on arrive à une durée du travail supérieure en moyenne à six heures par jour.

84

Mais ce n'est pas la journée de six ou de sept heures, mais celle de cinq heures, qui nous intéresse. Et cette dernière sera possible parce qu'une réduction brutale du pensum quotidien aura sur la quantité et sur la qualité du rendement des effets qui permettront sûrement de procéder à d'autres réductions du temps de travail.

UNE DEMI-JOURNÉE DE LIBERTÉ

1.   Augmentation du rendement

a)   Moins de journées de travail perdues pour maladie : on assisterait à une diminution du nombre des maladies vraies ou fausses. Bénéficiant de plus de repos, les travailleurs seraient en meilleure santé. Avec la réduction de la durée du travail, peut-être préféreraient-ils travailler et se porter moins souvent malades.

b)   Moins de journées de travail perdues à cause des retraites : la journée de huit heures est *trop* fatigante pour la plupart des personnes âgées. Mais beaucoup d'entre elles voudraient travailler *cinq* heures par jour jusqu'à la fin de leur vie et continuer ainsi à se sentir utiles à la société. La réforme que nous proposons ne mobilisera pas seulement le potentiel de la force de travail féminine, mais aussi celui des retraités. (Les résultats positifs de l'établissement d'un système de retraites à la carte, commençant à des âges différents selon la volonté des individus, aurait d'autres conséquences positives que nous étudierons dans un des chapitres suivants).

c)   Moins de *journées de travail perdues par mort prématurée : la* diminution de *l'usure* physique causée par le travail provoquera chez les hommes un allongement de leur espérance de vie, qui tôt ou tard rejoindra celle des femmes, laquelle ne *décroîtra que peu ou pas* du tout.

2.   *Augmentation de la qualité du travail*

a)   *Du fait que la qualité* du travail d'un exécutant *reposé est d'autant supérieure, l'augmentation* du nombre des pauses de *délassement améliorera considérablement le rendement et l'offre de travail (*l'offre d'heures de travail *réel par unité de temps). Cet argument est justement celui* qui *a* toujours été *le plus* employé lors des réductions précédentes du temps de travail. La chute du rendement après l'heure du déjeuner cessera tout comme celle des dernières heures de la journée.

b)   La qualité du travail féminin rejoindra celle des hommes, car les femmes deviendront plus ambitieuses et participeront davantage à la concurrence professionnelle.

Devant travailler tout au long de leur vie, l'avancement qu'elles pourront obtenir dans leur profession leur sera aussi profitable qu'il l'est pour les hommes. Cette augmentation de l'offre de la main-d'œuvre féminine bénéficiera aussi à la totalité de l'économie.

Seule une collaboration étroite avec les économistes, les techniciens de la rationalisation, les sociologues et les psychiques permettra de déterminer exactement les effets qu'auront sur le rendement les faits nouveaux mentionnés ci-dessus, ainsi que l'économie supplémentaire de temps qui en résultera. D'après un premier calcul provisoire, on peut affirmer que la journée de cinq heures entre dès maintenant dans le domaine du possible et que les conditions préalables à la réforme que nous proposons sont tout à fait réalistes.

La situation paraît encore plus favorable quand on ne considère plus la durée du travail, mais celle de l'absence de chez soi. Aujourd'hui, la plupart des travailleurs bénéficient à midi d'une pause d'une à deux heures, et si l'on admet que leur trajet aller et retour du domicile au lieu de travail dure une heure, ils sont donc séparés de leur famille, en moyenne, de dix à onze heures par jour. Dans le modèle que nous proposons, la pause du déjeuner disparaît. Pendant les cinq heures de travail, un repos de quinze à trente minutes sera suffisant, et l'on pourra même y renoncer complètement dans les tâches particulièrement légères. Pause et parcours quotidien compris, le travailleur sera absent de chez lui pendant six ou six heures et demie seulement au lieu de dix ou onze heures. C'est-à-dire que grâce à ce rythme des cinq heures, il gagnera pratiquement une demi-journée. Un autre rythme, fondé non sur la journée de travail, mais sur la semaine, le mois ou l'année — par exemple trois jours de travail et quatre jours de repos, ou sept mois de travail et cinq mois de liberté, etc. — n'est pas recommandable (sauf dans les professions qui entraînent un éloignement prolongé du lieu de l'habitation : personnel des compagnies de chemin de fer, d'aviation et de navigation) pour les raisons suivantes :

1.	Ce serait la fin de tous les avantages mentionnés plus haut et que comporte la journée de cinq heures.

2.	Personne n'étant plus le seul responsable d'une tâche définie, il s'ensuivrait un chaos économique, car la concurrence des travailleurs, indispensable à une économie florissante, serait du coup supprimée.

3.   Les enfants eux aussi devraient passer trois jours dans leurs « pénitenciers » et quatre chez eux, ou encore sept mois en prison et cinq chez leurs parents... D'après tout ce qu'on sait, les enfants ont besoin d'une certaine régularité et d'une certaine continuité dans leur entourage pour se développer de façon optimale. De plus, les garderies et les écoles devraient être organisées pour fonctionner toute la journée alors qu'elles ne travailleraient qu'une partie du temps : naturellement, le système ne serait plus rentable.

4.   Pratiquement, tous les hommes adultes reçoivent aujourd'hui de leur mère — et de la religion de leur mère — une éducation qui fait d'eux des masochistes. Avant de s'amuser, il leur faut en acheter le droit en travaillant. Ils veulent gagner ce dont ils jouissent et souffrir pour l'obtenir.

On ne peut mener à bien des réformes qui heurtent de front les besoins du psychisme humain : or il faut justement aux hommes un rythme d'alternance : travail et repos. Des périodes trop longues de délassement provoquent chez eux des troubles émotifs, comme on peut le constater lors d'un chômage prolongé. Il se peut que ces déformations dues à l'éducation disparaissent un jour. Jusqu'à ce qu'on en soit là, il faudra en tenir compte dans des réformes éventuelles.

SANS TRAVAIL PAR ÉQUIPES, RIEN NE POURRA FONCTIONNER

Comme nous l'avons dit, la condition préalable à la réussite de toute réforme sociale est le maintien — ou l'augmentation — de la production économique du pays qui tente de la mener à bien. Ce qui nous pose le problème suivant : si la journée de cinq heures est possible, elle deviendrait inapplicable si tous les travailleurs voulaient accomplir en même temps leur pensum de cinq heures. Sans équipes successives, une réduction considérable de la durée du travail aurait des conséquences catastrophiques. Et cela pour les raisons suivantes :

1.   Afin d'éviter le travail par équipes, il faudrait non seulement augmenter le nombre des travailleurs, mais celui des lieux de travail. Or, la chose n'est possible que là où l'installation du lieu de travail est relativement peu coûteuse, par exemple pour des bureaux. On ne peut multiplier à son gré, tout simplement, des lieux de travail qui coûtent très cher. Il est plus raisonnable d'affecter plus de travailleurs à chacun d'eux. Et en effet, dans les usines, dans les entreprises de transport, dans les centres de recherches, etc., rien ne peut fonctionner sans équipes successives.

2.   En fin de compte, toute production devient consommation. Si des travailleurs doivent se relayer là où l'installation d'un nouveau lieu de travail est trop coûteuse, ils ne pourront accéder que successivement aux lieux de consommation. En effet, on ne peut faire ses achats que dans ses moments libres, et on ne peut se distraire qu'en dehors de ses heures de travail ; il sera donc également nécessaire d'organiser des équipes là où l'on vend des biens de consommation — commerce de détail, divertissements, hôtels et restaurants — bien que leur installation soit en général peu coûteuse.

3.   Tous les facteurs qui déterminent la production, aussi bien humains que matériels, se détériorent à force d'usure ou à la suite d'interventions extérieures. Leur entretien et leur protection se feront également par équipes (hôpitaux, police, services techniques de permanence).

En d'autres termes : avec l'introduction de la journée de cinq heures, les entreprises où se succéderont deux, trois ou quatre équipes, seront bien plus nombreuses. Mais partout où les conséquences négatives seraient par trop importantes si l'on confiait la même tâche à plusieurs personnes de suite — parce qu'on supprimerait dans ce cas l'élément de la responsabilité personnelle — les entreprises, comme précédemment, ne fonctionneront qu'avec un personnel unique. Or ces tâches, par bonheur, sont menées à bien dans les lieux de travail les moins coûteux, là où le capital productif est principalement le cerveau humain.

Au contraire, sur les lieux de travail les plus onéreux, le rythme des opérations est déterminé par l'élément de renchérissement, c'est-à-dire par les machines. L'initiative personnelle y est relativement sans importance. En augmentant le nombre des équipes, on exploitera encore mieux le potentiel de production de ces machines dont le prix est si élevé. Et comme il s'agira d'équipes qui ne travailleront que cinq heures de suite, la situation des travailleurs n'y sera absolument pas comparable à celle des ouvriers d'aujourd'hui.

Une fois réalisée la réforme dont nous parlons, il y aura donc des lieux de travail à personnel unique, d'autres où se succéderont plusieurs équipes, et un certain nombre d'entreprises qui, comme aujourd'hui, appliqueront un horaire irrégulier ou au choix. Examinons brièvement les aspects les plus importants de ce triple schéma.

1.   *Lieux de travail à personnel unique :* bureaux.

Planification, production et écoulement des biens produits sont les trois volets de l'économie, qui fonctionne grâce à un apport de main-d'œuvre, de matières premières, de machines et de capital. L'apport de chacun de ces facteurs, à tous les niveaux de l'entreprise, doit être organisé, calculé, coordonné, puis administré : ce travail s'accomplit dans les bureaux.

Les installations des bureaux sont peu coûteuses, car on n'y a besoin que d'un minimum d'investissement technique. Il leur faut surtout le téléphone et des machines à écrire et à calculer. Le fait qu'on peut laisser ces bureaux inutilisés dix-neuf heures par jour sans danger pour l'économie constitue l'une des conditions préalables les plus importantes pour une réduction du temps de travail.

Pour assurer le fonctionnement de l'ensemble de l'entreprise, ces bureaux ne doivent comporter qu'un personnel unique. C'est là qu'on produit et qu'on transmet les informations, les idées et les échanges d'idées, c'est le centre de réflexion et de communication. Si l'on doublait le personnel de rédaction en faisant par exemple travailler la moitié des employés le matin et l'autre moitié l'après-midi, il serait encore possible de produire des informations, mais non plus de les transmettre. On ne pourrait plus, dans de nombreux cas, atteindre *directement* le collègue d'un autre service, du département ou du ministère compétent, auquel on voudrait donner ou demander un renseignement. Il s'ensuivrait un tel gaspillage de temps dans la planification, la production et l'écoulement des biens produits, leur coordination entraînerait des frais si élevés, que toute l'organisation s'écroulerait et aboutirait au chaos. L'économie d'un pays ne fonctionne de façon optimale que lorsque toutes les personnes qui s'occupent de produire et d'administrer des informations peuvent toujours s'atteindre les unes les autres, c'est-à-dire quand toutes les tâches concernant l'organisation peuvent être menées à bien dans le même laps de temps. La mise en place de la journée de cinq heures devra donc s'accompagner de l'établissement du même horaire pour tous les employés de bureau.

Mais ce n'est là qu'une des conditions. La seconde est naturellement l'augmentation du nombre de ces employés : s'ils ne travaillent plus que cinq heures par jour au lieu de huit, il faudra bien entendu qu'ils soient plus nombreux d'à peu près un tiers.

Or, un employé de bureau a besoin d'une table pour écrire et de quelques mètres carrés d'espace : si les employés de bureau sont plus nombreux d'un tiers, les frais d'installation eux aussi augmenteront de même. Mais ce calcul n'est pas tout à fait exact, car il ne tient pas compte des économies dans les domaines suivants :

Cantines : Avec la journée de cinq heures, il n'y aura ni cantines, ni cuisines, ni salles de repos ou de séjour pour le personnel, qui « ne vivra plus dans l'entreprise ». L'économie portera autant sur celui de la cantine et de la cuisine que sur la contribution que de nombreuses firmes apportent aux repas de leurs employés.

Superficie des bureaux : On pourra travailler davantage qu'aujourd'hui dans les bureaux de grande surface importants pour l'économie.

Frais de production : Dans les entreprises qui comportent à la fois production et administration — par conséquent dans la plupart d'entre elles — certains frais supplémentaires pourront être compensés par une diminution des frais de production, résultat d'une meilleure exploitation des moyens de production eux-mêmes (par exemple en utilisant deux fois cinq heures au lieu d'une fois huit heures des machines et des dispositifs coûteux).

Rationalisation : D'après l'avis des spécialistes de la rationalisation, la capacité de travail des employés de bureau n'est aujourd'hui utilisée qu'à 60 %. C'est surtout dans les services de rédaction qu'on pourra, par la suppression des couloirs et des antichambres remplacés par des services centralisés, parvenir à améliorer considérablement leur rationalisation.

Pour nous résumer : ni l'introduction d'un temps de travail fixe pour les employés de bureau ni l'augmentation des installations ne constituent un obstacle véritable à la réduction du travail administratif. Ainsi serait remplie la condition fondamentale préalable à toutes les autres réductions de la journée de travail.

2.   *Lieux de travail à personnel multiple* : fabriques, magasins, services.

Le travail par équipes est possible partout où les communications entre ceux qui travaillent à un endroit donné ne sont pas nécessaires ou le sont fort peu. Il s'agit donc de tâches qui concernent la production ou l'écoulement des biens de consommation — fabriques, magasins, services. Le nombre des équipes dépend, dans les fabriques, des machines et des matières premières dont on se sert, et dans les magasins et les services des besoins de la clientèle.

Mais le nouveau travail par équipes n'aura rien à voir avec celui d'aujourd'hui. Les membres d'une équipe qui travaille huit heures de suite sont absents dix à onze heures de chez eux, y compris les pauses et l'aller et retour du domicile à l'usine. Ceux de l'équipe de nuit, à la longue, sont atteints dans leur santé, ce qui rend nécessaire l'établissement d'un roule- ment. Ces travailleurs sont condamnés au rôle d'hommes retranchés de la société — ils donnent quand les autres sont éveillés — sans bénéficier pour autant, comme par exemple les artistes, de la gloriole de l'individualiste. Avec la journée de cinq heures, personne ne travaillera plus toute la nuit, si ce n'est que certains se coucheront plus tard et que d'autres se lèveront plus tôt. Une telle répartition du travail supprimera tout danger pour la santé des travailleurs, si bien qu'il ne sera plus nécessaire d'établir de roulement entre eux puisque tous pourront garder le même rythme de vie aussi longtemps qu'ils le voudront. Et comme ils seront beaucoup moins longtemps absents de chez eux, les membres des équipes relativement défavorisées par leur horaire ne seront malgré tout privés ni de famille ni de relations.

Dans le modèle de cinq heures, les équipes les plus nombreuses seront de toute façon celles de jour : l'une le matin et l'autre l'après-midi exécuteront les mêmes tâches sur le même lieu de travail. On ne pourra pourtant pas toujours éviter d'avoir au même endroit trois ou quatre équipes successives. Pour assurer la continuité du travail, il sera également indispensable qu'un petit nombre de travailleurs accomplissent leur travail à cheval sur deux équipes, ce qui permettra de résoudre certains problèmes techniques ou des questions de personnel. Et demain comme aujourd'hui, on aura besoin, dans les lieux de travail fortement mécanisés, du « cavalier », c'est-à-dire de l'employé qui remplace un collègue pendant que celui-ci prend du repos.

Deux équipes seront nécessaires dans les *usines,* chaque fois qu'une machine devra être utilisée plus de cinq heures mais sans dépasser dix heures, ou quand les matières premières seront d'une stabilité limitée.

Magasins : Il faudra une équipe le matin pour servir ceux qui travailleront l'après-midi, et vice-versa. Comme chacun disposera du temps nécessaire pour faire ses achats, ce sera la fin de tous ces débats désagréables sur les heures d'ouverture. En principe, les magasins pourront rester fermés le week-end. Il serait pourtant opportun qu'une des équipes de l'après-midi travaille le samedi au lieu d'un autre jour pour permettre à ceux qui feront partie de différentes équipes de faire leurs achats ensemble une fois par semaine. Les propriétaires des plus petites boutiques décideront eux-mêmes d'ouvrir le matin ou l'après-midi.

Banques : On pourra expédier le matin le travail principal ; il n'y aura plus l'après-midi qu'un service limité pour les comptes privés (dans de nombreux pays, les banques n'ouvrent de toute façon que la demi-journée).

Universités : Là où les installations seront trop coûteuses pour demeurer inutilisées pendant une demi-journée, ou lorsque le manque de place disponible rendra souhaitable une augmentation de la capacité des locaux, les universités pourront recourir au système des deux équipes. Il y aura alors deux titulaires de la même chaire au lieu d'un.

Postes : Deux équipes successives devront servir les mêmes guichets. Le service de distribution n'aura besoin que d'une seule équipe, les autres services de deux, trois ou quatre équipes selon leur fonction.

Le système des deux équipes sera également nécessaire dans les *ateliers,* les *restaurants,* les *bibliothèques,* les *musées,* les *cinémas,* etc.

Pour les services normalement peu occupés, il sera plus économique de renoncer aux deux équipes et de se contenter d'une seule, en accordant aux travailleurs, comme c'est le cas aujourd'hui, du temps libre pour faire personnellement leurs démarches auprès des autorités.

Trois équipes devront se succéder dans les *usines,* là où les machines sont très coûteuses, les marchandises périssables, et dans les périodes de chauffe (haute conjoncture).

Transports locaux de personnes et de marchandises, activités hôtelières, etc.

Quatre équipes seront nécessaires dans les *usines,* quand la rentabilité de l'usine exigera qu'elle tourne vingt-quatre heures sur vingt-quatre, et dans tous les cas où l'on ne pourra interrompre un processus, comme par exemple dans l'industrie chimique ou dans la métallurgie.

Hôpitaux et cliniques, services de sécurité et de permanence, etc.

Du fait que *la* journée *compte* vingt-quatre heures, chacune des quatre équipes devra donc *être* six heures sur place, dont une heure *de* repos pendant laquelle travailleront des « cavaliers ». On peut aussi imaginer un système à cinq équipes : pour la même paie, les membres de l'équipe la plus défavorisée travailleraient alors une heure de moins.

3.   *Travaux irréguliers* itinérants, saisonniers.

Les activités qui comportent un éloignement prolongé du lieu de travail ne pourront être adaptées à la journée de cinq heures. C'est le cas par exemple pour le personnel du rail, de l'aviation et de la navigation, les routiers, les représentants, etc. De même, la journée de cinq heures n'est pas applicable dans les branches d'activités saisonnières, comme l'agriculture. La réduction de la durée du travail ne pourra se faire ici qu'au moyen d'une prolongation des congés.

4.   *Lieux de travail à horaire individuel :* travailleurs indépendants.

Avocats et médecins à clientèle particulière, agriculteurs propriétaires de leur exploitation, hommes politiques, artistes autonomes, etc. sont en état de décider eux-mêmes, dans une large mesure, de la durée de leur travail. S'ils s'accommodent d'une perte financière, la plupart d'entre eux seront libres de réduire eux-mêmes leurs heures d'activité. Cela sera plus difficile seulement dans le cas des médecins praticiens, des paysans et des hommes politiques, car leur rythme de travail est en grande partie déterminé par des facteurs imprévisibles tels les accidents, les maladies, les intempéries, les moissons et les événements quotidiens. Ils n'auront que deux possibilités : renoncer à leur liberté individuelle et accepter de dépendre d'autres dans le même cas qu'eux, avec lesquels ils travailleront en commun (cabinets de médecins, associations diverses, éventuellement changement de profession), ou garder leur liberté et travailler plus que les autres. Comme il s'agit de travailleurs indépendants, c'est-à-dire « libres », personne ne saurait influencer leur décision.

Disons toutefois que de nombreux travailleurs indépendants, écrivains, poètes, peintres, sculpteurs, compositeurs, etc., travaillent seize heures par jour sans parvenir à gagner leur minimum vital, et qu'il serait cynique de parler dans ce cas d'une réduction volontaire de leurs heures de travail. On objectera que cette activité n'est pas fondamentalement du travail, mais une manière plus ou moins voulue de se distraire. Dans la situation actuelle, il ne reste fréquemment à un artiste que le choix entre souffrir de la faim pour se livrer à sa « distraction », ou renoncer à elle, c'est-à-dire prendre un travail quelconque et manger à sa faim. C'est là une exigence insoutenable, car nombreux sont les êtres humains qui ressentent réellement le besoin irrésistible d'accomplir un travail bien déterminé. Et y renoncer toute leur vie produit chez eux de graves troubles psychiques.

Avec la journée de cinq heures, il n'y aura plus d'artistes pauvres ni frustrés : tout homme pourra gagner sa vie en ayant le temps de faire ce qui lui plaît, par exemple écrire, peindre, composer de la musique, être interprète ou comédien. Dès que ses « amusements » en distrairont d'autres que lui, qui le rémunéreront pour qu'il les divertisse, il pourra renoncer à son gagne-pain et se consacrer uniquement à ses plaisirs. On n'aura plus besoin de subventionner les artistes ni de les prendre en pitié. Et l'on aura enfin ce que tant d'hommes désirent, un étalon « objectif » des valeurs de l'art. Car l'art sera toujours plus qu'un simple produit de l'imagination chaque fois qu'il intéressera suffisamment les autres pour qu'ils acceptent de dépenser pour lui leur argent. Plus il y aura de gens disposés à payer un produit de l'imagination d'un artiste et plus les sommes versées seront fortes, plus l' « art » aura de valeur et plus l'artiste sera « grand ». Car avec la journée de cinq heures, ce ne sera plus seulement une élite qui aura la possibilité de consommer et de produire de l'art ; tous en auront l'occasion, la concurrence sera énorme, le public compétent, et l'offre aussi diverse qu'on pourra le désirer.

LES PRISONS D'ENFANTS DEVIENDRONT SUPERFLUES

L'un des plus gros avantages de la journée de cinq heures sera de pouvoir mettre fin à l'emprisonnement des enfants comme à celui des pères, à condition, bien entendu, que les mères soient d'accord. Dans de nombreux pays de l'Ouest et de l'Est, les tout petits enfants eux-mêmes, font de huit à neuf heures d'école par jour. Et dans les quelques pays où ils peuvent, dans une certaine mesure, s'ébattre à leur guise, les défenseurs des droits de la femme réclament avec une énergie croissante l'école à plein temps et la création de crèches pour que les mères puissent se « réaliser ».

À partir du moment où les adultes passeront seulement cinq heures par jour au bureau et à l'usine, il n'y aura aucune raison pour enfermer leurs enfants plus longtemps qu'eux dans leurs écoles et dans leurs crèches. Et il sera préférable que ce soit pendant la matinée : la plupart d'entre nous aiment mieux travailler le matin que l'après-midi et se lèvent de préférence vers sept heures. Il faudra que la nouvelle réglementation respecte ces besoins et donne au plus grand nombre possible de personnes l'occasion de suivre leur rythme biologique. On recommandera donc à la majorité des travailleurs — c'est-à-dire pratiquement tous les employés de bureau, plus la moitié, le tiers et le quart du personnel réparti respectivement en deux, trois et quatre équipes — de choisir pour travailler le matin, approximativement de huit à treize heures. Pour que le trafic matinal ne devienne pas un chaos, il sera conseillé de procéder à des étalements d'horaires. Il devra logiquement s'ensuivre que les écoles elles aussi fonctionneront le matin. Puisque la plupart des adultes travailleront de huit à treize heures, les enfants resteront dans leurs crèches et dans leurs écoles pendant le même laps de temps. De cette façon, ils seront toujours sous la garde de leurs maîtres ou de leurs parents, sans pour cela demeurer trop longtemps enfermés. Le personnel d'enseignement suivra lui aussi le même horaire, ce qui renforcera encore l'armée de ceux qui travailleront le matin. Pour les écoles maternelles, il y aura obligatoirement deux équipes : beaucoup d'instituteurs et d'institutrices commenceront plus tôt, d'autres plus tard, car les parents devront avoir la possibilité d'amener les enfants avant de commencer à travailler, et de les rechercher aussitôt leur travail terminé. Ce qui sera facile à organiser, car dans le cas où ces instituteurs et institutrices auraient personnellement des enfants, ils pourront les garder eux-mêmes pendant leur temps de travail.

Dans tout ce qui précède, il découle que les pères et les mères des tout petits devront bénéficier, par rapport aux autres, d'un *droit d'option* en ce qui concerne leur horaire. Cela ne signifie pas seulement que les enfants seront toujours surveillés — qu'il n'y aura plus d'« enfants à clé »[3] — mais que les membres d'une famille pourront, dans une large mesure, passer ensemble leur temps de liberté. Là où ce ne sera pas désirable, par exemple lorsque les deux époux s'évitent — ou possible — parce que l'un d'eux aura un temps de travail irrégulier —, l'un au moins des parents se trouvera chez lui. Ce droit d'option en matière d'horaire signifie que dans la plupart des entreprises où le travail s'effectuera par équipes — usines, magasins et services, l'équipe du matin sera composée principalement de parents chargés de jeunes enfants, et celle de l'après-midi surtout de célibataires ou d'hommes et de femmes dont les enfants seront déjà grands. Ceux qui seront occupés le matin, pour autant qu'ils ne travailleront pas dans des bureaux ou dans des lieux de travail à horaires irréguliers, auront le plus souvent entre vingt-cinq et quarante-cinq ans, tandis que ceux de l'après-midi seront fréquemment plus jeunes ou plus vieux. Si ce droit d'option arrive à compliquer la répartition des travailleurs par équipes, on rendra plus attrayants les horaires les plus pénibles au moyen de stimulants d'ordre financier. Ce qui, de toute façon, sera inévitable pour les équipes de nuit ou à horaire très matinal.

Autre conséquence du système des équipes : les hommes et les femmes dont les intérêts sociaux seront identiques, pourront se voir non seulement pendant leurs loisirs, mais également dans leur profession. Les travailleurs chargés de famille se rencontreront le matin, tandis que les autres, plus âgés ou célibataires, — pour autant qu'ils ne soient pas employés de bureau — auront l'occasion, dans

---

[3] Les Allemands appellent ainsi les enfants qui portent sur eux la clé du logement familial pour pouvoir rentrer seuls. (N.d.T.)

l'équipe de l'après-midi, de faire la connaissance d'autres solitaires sans avoir à rechercher péniblement de nouveaux contacts. Il ne faut pas craindre que le système des deux équipes — du matin et du soir — engendre deux classes distinctes de travailleurs. Le travailleur du matin pourra être n'importe qui et n'importe quoi aux yeux de ses voisins puisque cet horaire sera celui de la plupart des activités professionnelles. Il en sera de même du travailleur de l'après-midi qui pourra tout être, sauf employé de bureau ou jardinière d'enfants, puisque toutes les autres entreprises continueront à fonctionner. Toutefois, le prestige du bureaucrate ou de l'institutrice d'école maternelle n'est pas suffisant pour que l'on puisse considérer comme une tare le fait de ne pas appartenir à ces professions.

Naturellement, après l'introduction de la journée de cinq heures, il y aura toujours d'autres écoles que l'école élémentaire, et naturellement leur accès devra toujours être gratuit. Sans un système d'enseignement offrant les mêmes chances à tous les enfants, il ne saurait y avoir un minimum de justice sociale. Cependant, pas plus qu'on ne doit obliger un écolier avide de savoir à mettre fin trop tôt à ses études, comme cela peut être le cas aujourd'hui, on a le droit de forcer un enfant moins doué à les terminer. C'est-à-dire que dans le cadre de l'égalité des chances, la durée des études doit faire l'objet de décisions individuelles. Tout écolier devrait pouvoir, à quinze ou seize ans, quitter l'école s'il le désire pour commencer à se spécialiser ou exercer une profession.

Naturellement, cette réforme scolaire devra aussi supprimer les devoirs à domicile, encore courants aujourd'hui. Quand les adultes ne travailleront plus que cinq heures par jour, on ne pourra exiger des enfants qu'ils fassent des heures supplémentaires. De toute façon, la rapidité avec laquelle un écolier expédie ce genre de devoirs prouve davantage l'engagement des parents que celui de l'enfant. Et comme le degré de formation des parents est très différent, les devoirs à domicile ne font qu'accentuer les différences sociales des élèves. Depuis longtemps, on a prouvé expérimentalement que ce genre de devoirs ne leur apprend rien et ne sert même pas à développer chez eux la discipline de soi : un écolier ne fait ses devoirs que parce qu'il craint ses professeurs ou ses parents. On pourrait utiliser une partie des heures passées à l'école pour exercer l'enfant à travailler de façon autonome. Et une fois ses cours terminés, il devrait être aussi libre que ses parents.

Il n'est pas question de s'attaquer à l'instruction obligatoire ni au système des notes. Comme l'appel pur et simple à la bonne volonté ne touche vraisemblablement qu'une minorité d'élèves et que la plupart des professeurs ne sont pas des pédagogues de génie, l'obligation d'apprendre devra demeurer partie intégrante de tout enseignement scolaire. Le but n'est pas de former une élite avide d'apprendre, mais d'apporter le plus de savoir possible au plus grand nombre d'hommes possible dans le temps le plus court possible. Ce n'est pas tant une question de conception sociale qu'une condition de survie. Comme on le sait, le niveau de vie des habitants d'un pays et leur comportement démocratique sont en relation directe avec leur degré de culture. Pour des raisons purement égoïstes, l'éducation des masses correspond à l'intérêt de chacun de nous. Mais il n'est pas nécessaire pour cela d'enfermer les enfants toute la journée dans une école quelconque. Une forte réduction du nombre des heures d'enseignement n'entraîne pas obligatoirement un abaissement du niveau des élèves ou une diminution du rendement professionnel. Par exemple, bien que la République Fédérale d'Allemagne soit le pays industriel de l'Ouest où les heures d'enseignement sont les moins nombreuses, elle compte parmi les plus grandes puissances économiques du monde. Et le niveau des bacheliers allemands a une réputation presque légendaire à l'étranger.

L'erreur des systèmes scolaires traditionnels — y compris celui de l'Allemagne de l'Ouest — c'est d'étendre l'instruction obligatoire au temps libre et, de ce fait, de l'appliquer à des matières auxquelles on s'intéresserait normalement de son propre gré ou dont la méconnaissance n'entraînerait aucune conséquence économique ni sociale. Si bien que le sentiment d'aversion qu'inspire souvent un devoir de mathématiques ou une composition se communique, par un impitoyable système de contrainte, à des matières telles que le dessin, le travail manuel, le sport ou la musique, pour lesquelles on perd fréquemment et pour toujours la joie qu'elles pourraient donner. Il n'existe pour ainsi dire personne qui à l'origine n'aime peindre, travailler manuellement, chanter ou faire du sport, et c'est à l'école seulement qu'on vous en ôte le goût. L'enseignement scolaire ne devrait comporter en principe que les disciplines dont on aura plus tard besoin dans la vie et qu'on apprendrait mal — ou pas du tout — sans y être contraint : la lecture, l'écriture, le calcul, les langues étrangères, les notions fondamentales de biologie, géologie, sociologie, histoire, physique et chimie, politique, etc.

De toute façon, les matières qui ne sont pas indispensables mais qu'on aimerait connaître ne devraient plus être enseignées le matin sous la contrainte, mais apprises, au gré de chacun, au cours de l'après-midi. Citons entre autres le sport, le travail manuel, le dessin, la photographie, la musique, la danse, l'art dramatique. Cet enseignement sera donné également dans les locaux scolaires, mais sans contrainte ni notation ni présence obligatoire. Ce sera une sorte de club où l'on pourra entrer et sortir comme on veut. Toutefois, la fonction la plus importante de ces *clubs scolaires* sera d'offrir un refuge aux enfants qui ne se sentent pas à leur aise chez eux, soit parce qu'ils s'y trouvent à l'étroit, soit parce qu'ils n'ont ni frères ni sœurs, soit encore parce que leurs parents les maltraitent.

Ces clubs scolaires n'entraîneront guère de frais supplémentaires : les locaux existants demeureraient autrement vides, et les pédagogues, dont la majorité sera déjà sur place, ne devront enseigner ces matières facultatives qu'en dehors des heures de l'école régulière, si bien qu'il n'y aura aucune difficulté insurmontable d'ordre financier. Naturellement, tout comme les écoles maternelles, ces clubs devront aussi et surtout fonctionner pendant les congés scolaires. Là encore, il n'y aura aucune charge puisque de toute façon les pédagogues des clubs percevront leur traitement. (Logiquement, ils ne pourront bénéficier d'aussi longues vacances que les autres enseignants, ce que compensera indirectement l'agrément beaucoup plus grand de leurs tâches). Pendant les congés scolaires, ces clubs seront néanmoins ouverts le matin au lieu de l'après-midi pour que les enfants n'aient pas à rester seuls pendant le temps de travail de leurs parents.

Dans les universités, on pourra, comme nous l'avons déjà dit, diminuer considérablement les frais de formation des savants grâce au système des deux équipes et à une diminution radicale de la durée des vacances. Il n'y a aucune raison pour que les étudiants, les professeurs et les maîtres de conférences bénéficient de quatre à cinq fois plus de vacances que les ouvriers de l'industrie. Ces privilèges proviennent d'une conception de caste qui ne répond plus aux exigences de notre époque ; ils pèsent de façon indécente sur le train de vie de l'État. En ramenant les congés des universitaires de vingt à quatre semaines, on maintiendra le nombre des années nécessaires à l'obtention d'un diplôme, malgré l'établissement de la journée de cinq heures. Grâce à une utilisation deux fois plus forte de la capacité des locaux déjà existants ou très coûteux, on pourra doubler tout simplement le nombre des étudiants. Les professeurs d'université et les maîtres de conférences qui voudront faire de la recherche pourront, comme aujourd'hui, demander un congé spécial ou une réduction de leurs heures de travail obligatoires.

AVEC UN DEMI-SALAIRE, ON VIVRA MIEUX

Tout travail est une prestation de services pour laquelle on est rétribué. On ne fournit un travail non rétribué que sous la contrainte, par masochisme, par besoin de se faire valoir, par bêtise, par inclination personnelle ou par recherche d'un plaisir. En règle générale, tout être humain qui accomplit quelque chose dont d'autres ont besoin, reçoit une rétribution, et — toujours en règle générale —, personne ne fait gratuitement quelque chose d'utile. Les ménagères elles aussi reçoivent un salaire, mais qui leur est remis par leur époux sans aucun bureaucratisme. Nous avons décrit ailleurs les manipulations grâce auxquelles elles se font surpayer.

Le fait qu'on ait besoin d'argent et qu'on ne travaille normalement qu'à cause de ce besoin permet à la société de contrôler largement, par les salaires et autres traitements, les conditions de vie de chacun et d'influencer par là même notre sécurité, notre confort et notre liberté. Étant donné que la société se compose d'individus, ce contrôle est inoffensif dans nos pays démocratiques : lorsqu'une certaine mesure touche désagréablement la majorité, cette majorité la refuse sans plus attendre. La communauté ne peut donc qu'améliorer la situation sociale de l'individu par des mesures générales — les lois —, elle ne peut pas l'aggraver.

Les différences en matière de salaires et de traitements offrent des possibilités d'amélioration des conditions sociales. Car en général on n'accroît la quantité et la qualité de son travail que lorsqu'on a en vue une augmentation de salaire, et on ne se donne la peine d'entreprendre de longues études que pour accéder ensuite à un échelon supérieur de rétribution. À la longue, les éloges et autres témoignages de satisfaction deviennent sans effet quand il s'agit d'inciter quelqu'un à produire plus et mieux. Comme la grande majorité tient pour un imbécile quiconque travaille gratuitement, les récompenses abstraites ne peuvent que diminuer l'estime qu'inspire un travailleur qui s'en contente. Le progrès économique d'un pays dépend de l'engagement maximal de chacun dans le travail qu'il accomplit. Et on n'obtient cet engagement qu'en concédant des avantages personnels.

Ainsi, même si toutes les tâches étaient égales, il faudrait, dans l'intérêt de tous, rétribuer différemment le même travail. La communauté a donc un double intérêt à ce qu'il y ait des inégalités de salaires et de traitements : ce n'est que lorsqu'on paye mieux les travaux pénibles, dangereux, fatigants, ennuyeux ou rebutants qu'on a à sa disposition la main-d'œuvre suffisante ; et il faut accorder à ceux qui fabriquent et représentent des articles de marque un gain supplémentaire pour les efforts qu'ils font et non seulement la joie platonique de voir augmenter le chiffre d'affaires de l'entreprise, pour que l'offre des biens d'usage et de luxe dépasse constamment la demande.

De plus, dans une certaine mesure, on ne peut garantir la liberté des citoyens que par un système de rétribution qui soit « injuste ». Les travaux agréables sont rares, et à salaire égal tous se précipiteraient sur eux ; il faudrait alors qu'une minorité oblige la majorité à assumer les tâches désagréables, mais nécessaires. Abstraction faite de la perte de puissance économique qui en résulterait, ce serait en fait supprimer la liberté d'opinion. Car quand on force la majorité à faire quelque chose dont elle ne veut pas, on doit également tôt ou tard l'empêcher de protester contre cette obligation.

En d'autres termes : si des salaires inégaux sont injustes parce que les hommes ont des capacités différentes et, dans leur vie, des positions de départ plus ou moins favorables, un salaire égal pour tous le serait encore davantage. Comme l'économie fonctionne mieux avec des rétributions inégales, on peut, sur cette base, aider progressivement chacun à obtenir au moins un peu plus de temps, de liberté *et* de bien-être. Avec des salaires égaux, on n'aurait le droit ni de disposer de son propre *temps ni* d'avoir son opinion personnelle ; on gagnerait certes autant que les autres, mais pourtant moins qu'autrement. Si ce qui est social est ce qui profite aux couches les moins privilégiées de la population, il est donc social de rémunérer les travailleurs de façon différente.

Mais revenons à la diminution des heures de travail. Une telle réforme ne pourra avoir lieu, naturellement, qu'au moyen d'une loi. Seules les tâches accomplies pendant l'horaire légal — cinq heures de travail par jour — seront rémunérées par les chefs d'entreprise. Comme personne ne travaille gratuitement, tous respecteront cette règle et chacun par conséquent sera libre le reste de la journée.

Mais comme nous l'avons dit, on n'accepte en démocratie une loi nouvelle que lorsqu'elle garantit des avantages à la majorité de la population. Or, une réduction du temps de travail n'offrira pas seulement de doubler le temps libre de chacun, elle aura l'inconvénient de réduire presque de moitié les salaires et les traitements. Quiconque, par exemple, gagne quatre-vingts dollars pour huit heures de travail, n'en gagnera plus que cinquante pour cinq heures. Autrement, cette mesure serait insupportable au point de vue économique.

Et c'est là la plus grosse difficulté de notre réforme : s'ils n'y sont pas préparés convenablement, les travailleurs n'accepteront pas une diminution de leur revenu. Ils confondront cette réduction de la durée de leur travail avec celle qui a lieu en temps de crise quand les chefs d'entreprise veulent faire des économies sur les salaires, et ils repousseront le projet.

Le premier pas vers une nouvelle réglementation de la société devra donc être une campagne d'explications menée sur le plan le plus vaste. Les travailleurs devront comprendre que, grâce à cette réforme, non seulement ils gagneront du temps, mais qu'en dépit de la diminution indispensable des salaires, ils n'auront pas moins d'argent. Car dans la situation actuelle, on n'a pas le droit de garder pour soi l'argent qu'on gagne. En règle générale, on finance, en plus de sa propre vie, celle des personnes qu'on a, suivant l'expression consacrée, « à charge ». Après la réforme, chacun sera en état de subvenir à ses propres besoins financiers. Personne n'aura plus à partager ce qu'il gagne avec une femme au foyer, des enfants et d'autres nécessiteux, car il n'y aura plus de nécessiteux. Ce n'est que lorsque tout cela sera bien clair dans l'esprit de tout le monde qu'on pourra se risquer à formuler une loi.

Le principe moral de cette réforme sera le suivant : les communautés humaines ont été créées pour protéger leurs membres contre un milieu hostile et elles fonctionnent d'après le principe de la division du travail. Quiconque vit volontairement dans la société des autres revendique par là même leur protection, mais il a également le devoir de les protéger. Du point de vue de la société, il n'a pas seulement des droits, il lui faut également travailler. Quiconque fait seulement usage de son droit et tente d'éviter ses devoirs, vit aux dépens d'autrui et n'est qu'un parasite social. Comme nous l'avons déjà dit, dans nos sociétés occidentales, ce sont les femmes qui réussissent le mieux à tirer profit du parasitisme, tandis que les criminels le pratiquent de la façon la plus spectaculaire. Tout comme eux, les femmes éludent leurs responsabilités et sont ainsi à la charge des autres. La réforme rendra impossible, en grande partie, le parasitisme féminin. Et comme le travail causera beaucoup moins d'effroi dès que les femmes travailleront comme les hommes — du fait que l'effort et la responsabilité de chacun auront considérablement diminué — cette égalité des devoirs qu'elles accepteront aura pour conséquence une baisse de la criminalité. Car dans la situation actuelle, la délinquance est souvent, pour un homme qui ne veut pas renoncer aux femmes, la seule possibilité d'éviter le sort déprimant de son sexe (et c'est la raison unique pour laquelle, dans nos pays occidentaux, quatre-vingts pour cent des délinquants sont des hommes). Une fois que le travail sera humanisé et que l'utilisation du vagin de la femme ne sera plus liée à l'argent, beaucoup trouveront que commettre un délit est devenu un risque trop grand. Pour l'instant, qu'un homme fonde une famille ou, sans prendre ce détour, s'enferme derrière les murs de sa prison, le résultat est le même. Après la réforme, il retrouvera dehors un peu de liberté, et la compagnie des femmes sera moins coûteuse et plus intéressante qu'aujourd'hui.

APPRENDRE MÉRITE RÉTRIBUTION

La réforme devra donc partir du principe que nous avons tous les mêmes droits et les mêmes devoirs, mais elle devra prendre en considération que nous ne sommes pas tous semblables : l'un a besoin d'aide, l'autre s'aidera lui-même, l'un pourra faire honneur à ses obligations, l'autre n'y parviendra que péniblement. Du point de vue de la société, nous sommes bien tous des travailleurs, mais nous ne le sommes pas au point de vue biologique : du fait de notre constitution physique, nous pouvons être incapables — provisoirement ou définitivement — de travailler. Si l'on est trop jeune, trop vieux ou trop malade, si l'on se prépare à une profession quelconque, si l'on met un enfant au monde ou si l'on doit s'occuper d'un nourrisson, on ne peut pas travailler. On est *de la main-d'œuvre potentielle*. Et comme on sera utile à la société par le travail qu'on accomplira plus tard ou qu'on lui a été utile précédemment, on a droit, tout comme de la main-d'œuvre active, à un traitement régulier. Les vieillards, les malades, les femmes avant et après l'accouchement, reçoivent déjà un salaire dans les pays avancés. Pour que la réforme que nous proposons soit réellement praticable, il faudra en outre instituer un salaire pour tous ceux et celles qui se préparent à une profession ou s'occupent des nourrissons.

On devra accorder un *salaire d'apprentissage* à tous ceux qui se préparent à une profession. Et cette catégorie comprendra les enfants, car le fait que dès leur naissance ils soient pris dans un processus continu d'apprentissage, en vue des tâches qu'ils auront à accomplir plus tard dans la société, n'est pas seulement utile à eux-mêmes, mais à tous. Voilà pourquoi nous les forçons à avoir une formation, qu'il y a école obligatoire. Il sera donc justifié que nous les rétribuions pour leurs efforts. Dans une autre partie de ce livre, nous verrons à quel point tous profiteront d'une telle mesure. Contrairement aux autres salaires et traitements, le salaire d'apprentissage devra être le même pour tous. Ce n'est pas l'idée du rendement qui sera ici déterminante, mais le principe de l'égalité des chances qui, grâce à la mobilisation des aptitudes en réserve, assurera plus tard un rendement maximal. Ce salaire sera donc le même pour tous les écoliers du même âge. Il sera dû dès la naissance et versé jusqu'à ce que le bénéficiaire embrasse une profession. Pendant cette période, tous ses besoins essentiels (nourriture, habillement, logement) devront être couverts, toutes ses études étant en outre gratuites, comme nous l'avons déjà dit. Ce salaire d'apprentissage variera selon le coût de la vie. Jusqu'à un certain âge du bénéficiaire, il sera versé aux parents quel que soit leur revenu (la législation fiscale garantissant l'équité de cette mesure), puis plus tard à l'élève lui-même.

On ne doit pas redouter, à cause du salaire d'apprentissage, que trop de gens étudient trop longtemps. Comme son montant ne couvrira que les besoins essentiels, quiconque entrera dans la vie professionnelle à l'âge de quinze ou seize ans aura dans tous les cas une situation financière bien supérieure à celle d'un étudiant. De nos jours, beaucoup étudient non pas parce qu'ils ont soif de connaître, mais parce qu'ils tiennent le passage par l'université pour un symbole de statut social ou parce qu'ils veulent éviter pendant au moins quelques années les efforts que comporte aujourd'hui l'existence d'un travailleur. Quand tout le monde aura vraiment la possibilité d'étudier, quand la durée du travail n'excédera plus cinq heures par jour et que les étudiants ne bénéficieront plus de vacances quatre fois plus longues que tous ceux de leur âge, nous nous trouverons devant une situation totalement nouvelle.

Naturellement, les adultes mécontents de leur situation devront, le cas échéant, se contenter provisoirement du salaire d'apprentissage : le temps d'apprendre une profession qui leur plaît davantage. C'est l'intérêt de tous que chacun, dans une certaine mesure, soit satisfait là où il travaille, car c'est de ce sentiment de bien-être que dépend en grande partie son rendement. De même, si la main-d'œuvre manque dans une branche d'activité quelconque, tous ont intérêt à combler ce déficit le plus rapidement possible pour pouvoir disposer d'une quantité suffisante de biens de consommation et de services. Au cas où il y aurait trop peu de candidats dans une certaine profession, il sera toujours possible d'en accroître l'attrait par les avantages financiers accordés aux études qui y mènent, en favorisant ainsi, indirectement, les reconversions.

À CHAQUE ENFANT, SA BONNE D'ENFANTS

Le *salaire de garde des nourrissons* est conçu pour toute personne qui aura la charge d'un enfant de moins d'un an. D'après les spécialistes, la quantité de soins dont on entoure un être humain pendant la première année de sa vie a une importance décisive sur sa future évolution. Du fait qu'il est de l'intérêt général de donner aux bébés les meilleurs soins possibles — car abstraction faite du point de vue éthique, les arriérés mentaux constituent une charge financière qui pèse lourd sur la collectivité — il est recommandable que chaque enfant au-dessous d'un an ait à sa disposition une personne qui s'occupe de lui. Le moyen d'y parvenir sera de continuer à assurer à cette personne, pendant un an, grâce à l'intervention de l'État, son salaire habituel.

De plus, le rapport de cette personne à l'enfant est d'ordre tout à fait secondaire : ce pourra être la mère, le père, un parent, ou un étranger (choisi par les parents). Car au cas où ni la mère ni le père ne manifesteraient le désir de demeurer auprès du nouveau-né, il ne serait guère intelligent, dans l'intérêt même de l'enfant, de les y obliger : si l'on considère comme un embarras les soins à donner à son enfant, on n'est certaine- ment pas doué pour cette tâche.

Naturellement, les enfants malades auront droit à avoir leur propre garde-malade également après leur première année. Les soins du père ou de la mère n'accroîtront pas seulement leurs chances de guérison, ils coûteront aussi moins cher qu'un séjour constant à l'hôpital ou dans un foyer quelconque. Pour éviter tout abus, la maladie devra bien entendu être confirmée par un médecin de confiance. Là non plus, ce ne sera pas le chef d'entreprise qui devra supporter ces frais, mais l'État.

Quant aux enfants en bonne santé et dont le développement sera normal, dès la fin de leur première année, ils seront confiés sans plus attendre à l'une des écoles maternelles fonctionnant sur la base de cinq heures par jour. À partir de là, le contact avec d'autres enfants du même âge devra être considéré comme absolument indispensable.

Selon les cas, le salaire de garde des nourrissons correspondra au dernier salaire mensuel de celui qui les gardera. Car s'il était inférieur — ou toujours le même comme le salaire d'apprentissage — le membre de la famille qui resterait constamment au foyer serait celui auquel cette diminution causerait le moins de pertes au point de vue argent. Comme les femmes devront s'insérer dans le monde du travail selon les conditions générales de la concurrence, elles recevront en moyenne, pendant une certaine période de transition, des salaires inférieurs à ceux de leurs partenaires masculins qui, en raison de leur plus longue expérience (et non finalement sur la base des critères d'après lesquels les femmes les auront choisis pour maris), bénéficieront naturellement de traitements plus élevés. Cela signifiera que, comme auparavant, les femmes jouiront du privilège de pouvoir rester près de leur enfant et que, pendant sa première année de vie au moins, le monopole éducatif de la femme demeurera intact. Cela signifiera également que les femmes seront retardées, dans leur carrière professionnelle, d'autant d'années qu'elles auront eu d'enfants, et que leurs jérémiades sur la discrimination qu'elles subissent n'auront donc jamais de fin. Le fait que dans la pratique et pour des raisons tout à fait différentes sur lesquelles nous reviendrons plus tard, ce sera vraisemblablement la mère, et non le père, qui restera malgré tout le plus souvent près des enfants, ne doit pas intervenir dans l'exposé de cette réglementation générale. Ce dont il s'agit ici, c'est d'offrir enfin aux hommes et aux femmes, compte tenu de leurs particularités biologiques respectives, des possibilités égales. Comment ils s'arrangeront par la suite sur cette nouvelle base — lequel des deux fera la cuisine ou le chauffeur, changera les langes ou tondra la pelouse — sera, au point de vue juridique, une affaire strictement privée et qui n'intéressera pas les pouvoirs publics.

Évidemment, dans les familles où aucun des deux parents, après la naissance de l'enfant, ne voudra interrompre son activité professionnelle sans pour cela devoir engager un étranger, il restera toujours la possibilité de le garder à tour de rôle. L'un des parents sera donc toujours près de l'enfant : le père et la mère n'auront pour cela qu'à travailler successivement dans des équipes différentes.

LA COMPASSION DEVIENDRA MEILLEUR MARCHÉ

Quoi qu'il en soit, les dépenses sociales augmenteront. Car en plus des retraites, des pensions de maladie et des allocations de grossesse, l'État aura encore à supporter la charge des salaires d'apprentissage et de garde de nourrissons. Mais cela aussi ne sera pas un problème insoluble, car les sommes nécessaires peuvent provenir des économies réalisées grâce à la réforme ainsi que d'une élévation des impôts sociaux.

Les économies pourront être réalisées dans les domaines suivants :

1.   *L'assistance aux femmes*

Au point de vue économique, la formation de la partie féminine de la population est, dans la situation actuelle, une gigantesque erreur d'investissement de la part de tous les États. Car d'une part, hommes et femmes sont égaux et ont donc le même droit moral à une formation professionnelle optimale, et pourtant, d'autre part, ils sont différents : du fait que les femmes ont des enfants, on ne peut exiger d'elles qu'elles utilisent plus tard une éducation acquise aux frais de la collectivité de telle sorte que cette éducation devienne rentable. Tout remboursement des sommes investies en vain dans leur formation est d'emblée hors de question : la charge en retomberait sur un homme qui, de toute façon, doit déjà entretenir une femme et des enfants qui ne travaillent pas. Lorsqu'on pense au nombre de femmes qui reçoivent dans nos pays occidentaux une formation professionnelle et à la proportion infime de celles qui l'utilisent pleinement plus tard, on commence à avoir une idée approximative des sommes que l'égalité des chances soustrait chaque année à la communauté nationale. Il va de soi que nous ne traitons pas ici de la justification morale de cette égalité, et encore moins de son aspect politique. Un gouvernement qui ne subventionnerait plus les femmes serait aussitôt condamné à mort.

Nous discutons ici uniquement de la manière dont on peut transformer enfin en un investissement intelligent le budget colossal affecté à l'assistance féminine — car lorsqu'on donne sans rien attendre en retour, c'est bien d'une assistance qu'il s'agit.

Une fois réalisée la réforme que nous proposons, la formation professionnelle de la femme sera aussi rentable que celle de l'homme parce qu'elle travaillera tout comme lui. C'en sera fini des travaux à l'heure où elle végète, et elle n'aura

117

plus la possibilité d'oublier complètement, au cours d'arrêts de travail qui se prolongent souvent pendant des années, les connaissances coûteuses qu'elle aura acquises. La rentabilité de cette réforme se fera surtout sentir dans les professions universitaires, où l'égalité des chances aboutit à du gaspillage : dans les pays industriels de l'Ouest, un étudiant sur trois est du sexe féminin, et une place d'étudiant dans les universités de l'Allemagne de l'Ouest ou de la France engloutit les impôts de cinq familles. Une autre source indirecte de revenus proviendra des économies réalisées sur les frais de reconversion des femmes divorcées — forme de plus en plus répandue des pensions alimentaires que leur verse l'État jusqu'à leur prochain mariage — et de l'abolition des pensions de veuvage. Après notre réforme, être veuve redeviendra la désignation réservée à un être humain dans l'affliction, et non celle d'une sorte particulière de salariée.

2. *L'assistance aux vieillards*

Avec la journée de cinq heures, la plupart des travaux n'entraîneront pas une fatigue telle que les pensions de vieillesse soient supérieures à celles d'aujourd'hui. Il va de soi qu'il ne sera pas opportun de les abolir, car il s'agit de tout améliorer sans rien aggraver. Le droit à la retraite subsistera, mais personne ne sera plus obligé de la prendre à un âge où, normalement, la plupart se sentent encore jeunes et capables d'une certaine activité. Il faudra concevoir la retraite comme une sorte de déclaration de maladie pour laquelle, à partir de soixante ou de soixante-cinq ans, il ne sera demandé au patient aucun certificat médical. Le fait de ne plus avoir envie de travailler sera une justification suffisante. Mais si quelqu'un le désire, il demeurera un travailleur jusqu'à la fin de ses jours. Et la communauté regardera comme une tâche importante le fait de lui rendre agréable son travail. Car, premièrement, l'expérience d'un travailleur d'âge mûr est un capital auquel on ne doit pas renoncer, et deuxièmement, en maintenant aussi longtemps que possible les gens au travail, on économisera des sommes immenses, d'abord directement sur leur retraite, puis indirectement sur les soins médicaux qu'il leur faut. Car il est prouvé que les gens actifs demeurent, en général, plus longtemps en bonne santé.

Et indirectement, encore, cette nouvelle situation augmentera le budget du travailleur. Il aura moins à prélever sur ses gains pour ses assurances individuelles. D'une part, les pensions versées aujourd'hui par l'État sont trop faibles pour garantir une vieillesse vraiment confortable, et d'autre part les horaires de travail sont par trop inhumains pour qu'on puisse vouloir continuer à travailler après avoir atteint l'âge de la retraite. C'est pourquoi le travailleur garantit lui-même sa vieillesse par une retraite complémentaire individuelle. Du fait que sa famille aura de quoi vivre après sa mort, il contractera beaucoup plus rarement une assurance sur la vie. Dans nos pays industriels de l'Ouest, selon l'importance des prestations sociales de l'État, un homme qui travaille débourse mensuellement de cinquante à cent dollars pour ses assurances individuelles de toutes sortes. Après la réforme, il pourra disposer au moins d'une partie de cette somme.

3.   L'assistance aux malades

Avec la journée de cinq heures, le travailleur sera moins souvent malade — la fatigue et la tension liées à son activité seront considérablement réduites — et en outre, il sera bien plus rarement absent : de nos jours, simuler une maladie est souvent le seul moyen dont dispose un travailleur pour avoir quelques heures de liberté supplémentaire. Après la réforme, cette cause d'absentéisme disparaîtra. Les frais de maladie seront donc de beaucoup inférieurs à ceux d'aujourd'hui.

4. L'assistance aux enfants

La réforme entraînera certes l'augmentation du nombre des écoles maternelles, car dès la fin de leur première année de vie les enfants leur seront confiés. Mais du fait qu'elles seront organisées pour fonctionner seulement cinq heures par jour, elles coûteront beaucoup moins cher qu'aujourd'hui. Les écoles à plein temps et les jardins d'enfants ouverts toute la journée — dont on discute encore dans certains pays mais qui sont déjà réalité dans d'autres, n'existeront plus. Le besoin qu'on a de centres d'accueil d'État pour enfants diminuera considérablement, car les mères et les pères dépourvus de compagnon ou de compagne ne seront plus obligés d'avoir recours à eux, faute de temps ou d'argent. En règle générale, on n'y verra plus que les orphelins ou les gosses arrachés à un milieu dangereux. Comme il est prouvé que les enfants qui bénéficient d'une protection suffisante de la part de leurs parents deviennent plus rarement que les autres des criminels, la délinquance juvénile reculera donc elle aussi, d'où de nouvelles économies en matière d'exécution des peines et de réinsertion dans la société. La réforme rendra également inutiles les avantages fiscaux dont bénéficient les couples. Pour protéger les enfants, l'État n'aura plus besoin de subventionner les mariages, car grâce au salaire d'apprentissage, enfants et écoliers auront tous une vie matérielle suffisamment assurée. Enfin, l'amour sera la seule raison pour laquelle hommes et femmes contracteront mariage, et le manque d'amour la seule cause de divorce. Ce qui constituera également la meilleure garantie du bien-être émotif de leurs enfants.

UNE ÉLÉVATION DES IMPÔTS SOCIAUX EST INÉVITABLE

Comme toutes ces économies ne parviendront pas à compenser l'élévation des prestations sociales (au moins pendant la première décennie qui suivra cette réadaptation), il faudra financer le déficit par une augmentation des impôts. C'est-à-dire qu'il ne faudra pas seulement réduire les salaires proportionnellement à la réduction de la durée du travail, mais prélever encore sur eux des charges sociales supplémentaires. Quelqu'un qui, pour huit heures de travail, gagnera quatre-vingts dollars par jour avant la réforme, n'en gagnera pas cinquante pour cinq heures, mais quarante-cinq et même quarante.[4] Naturellement, on ne pourra pas réduire tous les salaires de façon aussi brutale. Car même parmi les travailleurs qui ne doivent nourrir qu'eux, il en est beaucoup qui ne gagnent pas le minimum vital. Il faudra donc fixer un *salaire minimum* dont l'importance correspondra à peu près à celui d'un étudiant.

La progression des salaires sera déterminée comme avant par le libre jeu des forces économiques. Car s'il est de l'intérêt général de fixer un salaire

---

[4] Dans un livre *(La Société-des-Cinq-Heures)* qui paraîtra prochainement en République Fédérale Allemande et où je traite exclusivement des aspects économiques de cette réforme, je présente des propositions détaillées sur la manière dont ce changement peut avoir lieu sans mesures brutales.

minimum, du fait que la misère est une cause de troubles sociaux et est préjudiciable à tous, il ne faut jamais, toujours dans l'intérêt général, limiter les gains par en haut. Le rendement maximal des travailleurs les plus capables est d'une importance vitale pour le bien-être de ceux qui sont moins doués. Freiner l'élan des travailleurs qui gagnent le plus, c'est agir de façon antisociale, même si, moralement, on a raison.

La différence avec la situation actuelle sera la suivante : après la réforme, chacun ne rapportera chez lui qu'un peu plus de la moitié de son gain net d'aujourd'hui. Par exemple, un ingénieur qui débute aujourd'hui dans une entreprise avec un traitement de vingt mille dollars par an et qui après dix ans en gagne quarante mille, ne commencera plus qu'à dix mille pour arriver à vingt mille dans le même laps de temps. Mais il n'en souffrira pas tellement car si, entre-temps, il a pris épouse — et d'après les statistiques c'est presque toujours le cas — sa femme elle aussi sera salariée, et de plus, leurs enfants auront leur vie assurée par un revenu à eux. Le niveau de vie de la famille sera même plus élevé si l'épouse bénéficie d'un salaire d'une catégorie équivalente. Contrairement à ce qui se passe aujourd'hui, cet ingénieur ne sera plus exploité par sa firme jusqu'à l'extrême limite de ses forces physiques et psychiques pendant que sa femme, gémissante et s'ennuyant à mort, demeure bien tranquille dans sa villa de banlieue. Et de même, après la réforme, il n'existera aucun rapport de dépendance économique entre mari et femme ni entre parents et enfants. Une séparation n'entraînera la ruine financière d'aucun des membres de la famille. Et en cas de remariage, l'homme n'aura plus à subir la charge d'une pension alimentaire pour sa première famille, et la femme n'aura plus à poursuivre son ex-mari à coups de sommations de paiement. Les enfants resteront avec celui de leurs parents chez qui ils se sentiront le mieux ; car l'un et l'autre auront le temps de s'occuper d'eux.

La situation au bas de l'échelle sociale sera tout aussi favorable. La condition d'un manœuvre ne sera jamais aussi brillante que celle d'un ingénieur, mais il mènera lui aussi une vie dont il ne peut même pas rêver aujourd'hui. Il disposera de deux fois plus de temps libre, et son travail ne sera plus la conséquence d'une discrimination, mais de sa propre décision — car il y a une quantité de raisons respectables qui peuvent inciter à prendre pour cinq heures par jour un emploi sans aucune responsabilité. Et en admettant qu'il ne gagne que le salaire minimum garanti et que sa vie soit aussi modeste que celle que connaît aujourd'hui dans sa chambre meublée un étudiant subventionné par l'État, il lui sera toujours possible de fonder une famille. Car sa femme, dans le pire des cas, gagnera toujours elle aussi le salaire minimum, et ils pourront immédiatement s'offrir, au lieu de leurs deux chambres meublées, un appartement d'une pièce. Avec la naissance de leur premier enfant — lequel dès son premier jour de vie bénéficiera du salaire d'apprentissage — le budget familial augmentera d'autant. Ils pourront déjà avoir un modeste appartement de deux pièces tandis que leurs besoins essentiels en nourriture et en habillement seront également couverts.

Malgré tout, cette vie de famille ne pourra jamais devenir une camisole de force ni pour le manœuvre ni pour sa femme. En cas de divorce, leurs rapports se dénoueront tout simplement. Et lui aussi pourra réaliser ce qui aujourd'hui appartient au domaine de l'utopie pour un homme pauvre qui s'est trompé dans le choix de sa compagne : il pourra connaître un nouvel amour et fonder une seconde famille. Et le divorce de leurs parents n'aura qu'une importance sentimentale pour les enfants qui, aujourd'hui, échouent le plus souvent, après une telle tragédie, dans un foyer ou chez les grands-parents.

« Chacun pour soi et tous pour chacun », voilà ce que sera le dénominateur commun de la partie économique de la réforme. On pourra être aussi égoïste qu'on le veut, mais sans nuire à personne. Puisque tous les citoyens d'un État doivent avoir de toute façon de quoi vivre, pourquoi, alors que c'est manifestement possible, ne pas s'organiser immédiatement pour supprimer à jamais tous les rapports de dépendance personnelle ? Il est déjà assez difficile d'entretenir sur une longue période des relations heureuses avec d'autres êtres humains. Si l'on ajoute à cette difficulté des intérêts matériels, comme c'est le cas de nos jours dans presque chaque ménage entre mari et femme et entre parents et enfants, toute entente devient impossible. Grâce à notre nouvelle politique salariale, cet obstacle au bonheur serait éliminé une fois pour toutes de notre univers.

ET DANS LES SITUATIONS ÉCONOMIQUES EXCEPTIONNELLES ?

Par souci de simplicité, nous avons jusqu'ici dans toutes nos considérations, supposé que le plein emploi serait un fait. En réalité, cet idéal n'est pas souvent atteint. L'économie d'un pays n'est jamais totalement en équilibre. La récession succède à une haute conjoncture, avec pour conséquences le chômage ou la surchauffe. Pour que notre modèle de la journée de cinq heures résiste à de telles situations, il faudra le renforcer par deux sortes de mesures :

a)   Suppression du droit à un travail équivalent au profit du droit au recyclage (rééducation et reconversion).

b)   Interdiction des heures supplémentaires.

Sur le marché capitaliste du travail, l'offre détermine la demande. L'individu offre un travail défini, et les autres déterminent ce qu'ils peuvent en faire. S'ils n'en ont besoin, l'individu change son fusil d'épaule et offre quelque chose d'autre. Ce qui est décisif, c'est le besoin : personne ne paye ce qui ne lui sert à rien.

Dans ce mécanisme impitoyable mais au fonctionnement éprouvé, certains pays industriels de l'Ouest ont introduit un facteur impondérable : le droit à un travail « compatible » ou de valeur équivalente. Le travailleur s'est avisé de son pouvoir politique et s'est fait protéger vis-à-vis de la communauté, pour qu'elle lui reconnaisse ce droit à un travail donné. Ce qui compte en premier lieu, ce n'est plus ce qui est demandé, mais ce qui est offert. Chacun a droit à *son* travail : on n'exige plus de lui de faire en principe quelque chose d'autre que ce qu'on lui a appris, ni d'accepter un travail beaucoup plus éloigné de son domicile ou beaucoup moins rémunéré. On ne peut donc plus forcer un architecte chômeur à travailler comme conducteur de camion bien que toutes les entreprises de transport de son pays aient des difficultés économiques par manque de main-d'œuvre ou qu'il faille à cause de cela importer des travailleurs étrangers. S'il le veut, cet architecte peut attendre tout au long d'une année un emploi disponible grâce à un revenu qui n'est que modérément diminué. Et s'il n'a encore rien trouvé, l'aide sociale intervient pour le faire vivre.

On a donc introduit dans le mécanisme de l'offre et de la demande un élément dirigiste. Car en pratique, cette clause de la « compatibilité » ne signifie rien d'autre qu'une réglementation forcée du marché du travail instituée par le travailleur. En période de prospérité, cela n'a pas d'importance car, de toute façon, toutes les branches manquent de main-d'œuvre, et personne n'éprouve de difficulté à trouver un emploi dans sa profession. Mais lorsque la *conjoncture* devient mauvaise, cette petite quantité de « non-liberté » avec laquelle on a miné l'économie de marché pendant les années grasses, a pour tous des conséquences dramatiques.

Car lorsque pour des motifs divers — automatisation du processus de fabrication, renchérissement des matières premières ou concurrence étrangère — on *procède* dans une branche d'activité donnée à des licenciements, *les* intéressés, s'accrochant à leur revendication d'un travail *de* valeur équivalente, commencent à prendre des vacances au lieu de se mettre immédiatement à la recherche d'une autre occupation. Cela ne serait pas tragique, car il s'agit dans le pire des cas de quelques milliers de « chômeurs » dont les allocations sont tout simplement absorbées par une économie qui *est* saine. Mais *comme l'opposition* politique *présente* ces « chômeurs » *comme les* premières *victimes d'une crise* économique menaçante — c'est sa chance *et en* même *temps son* devoir — *la* population s'inquiète. Effrayé par *le spectre d'un chômage* massif, chacun diminue sa consommation *personnelle et* épargne en vue des vaches maigres. Ce refus *de consommer* provoque un recul *de la* production des biens de consommation (qui dans nos pays industriels de l'Ouest *constituent de 52 à 56 % de la* production totale) *et* quand *le* marasme national se communique nécessairement aux partenaires commerciaux auxquels on achète moins, les exportations baissent elles aussi. Au lieu d'avoir des difficultés *dans* une branche, on en a désormais dans toutes, et *les* chômeurs ne *se* comptent plus par milliers mais par centaines de mille. Et bien que le nombre des emplois offerts ne diminue qu'à peine, la charge financière représentée par ceux qui attendent d'abord une activité « compatible » et qui, après comme avant, laissent aux travailleurs immigrés les travaux « non-équivalents », devient de plus en plus lourde, tandis que l'attitude anti-consommatrice de ceux qui ont encore un emploi ne fait que se renforcer. De plus, le nombre des chômeurs s'accroît du fait qu'en temps de crise, de nombreuses ménagères se rappellent leur ancienne activité, et recommencent, pour la forme, à rechercher un emploi. Elles bénéficient alors de l'allocation de chômage tout en n'ayant guère à craindre de retrouver du travail dans leur branche précédente. Le comportement opportuniste de ces femmes contribue à augmenter la panique de ceux qui, ne sachant rien de la motivation véritable de ces « chômeuses », ne connaissent que les chiffres officiels.

Pour diminuer le danger que constitue ce cercle vicieux, il faudra par conséquent, lors de l'établissement de la journée de cinq heures, supprimer le droit à l'équivalence de valeur dans le travail. Il est clair que, dans la situation actuelle, les travailleurs accordent l'importance la plus grande à cette clause de protection, car tant que leur travail et leur vie demeureront les mêmes, ce droit sera pour eux la seule possibilité qu'ils aient d'humaniser leur vie. S'ils acceptent de devoir passer la plus grande partie de leur temps sur leur lieu de travail, ils veulent au moins choisir approximativement ce qu'ils y font, et grâce à leur puissance en tant qu'électeurs, ils se sont fait garantir cette revendication.

Avec la journée de cinq heures, la vie professionnelle d'un homme ou d'une femme n'occupera plus qu'une petite partie de son temps, et la protection d'une activité déterminée ne sera donc plus aussi importante qu'à présent. Certes, on aura toujours le droit de choisir librement sa profession mais non d'exercer la profession qu'on aura librement choisie, car ce serait aux dépens de la stabilité économique et donc finalement aux frais de tous. Tant que des revendications individuelles portant sur le travail au choix alourdiront les crises économiques qui ne peuvent qu'en être aggravées, la communauté ne pourra s'offrir le luxe d'une telle clause de protection. Les travaux les plus nécessaires ne sont pas tels qu'ils sont les plus agréables : c'est justement à cause de cela qu'il faut avoir du temps pour quelque chose d'autre. Dans l'état actuel des choses, il serait fatal qu'un architecte soit obligé de travailler comme conducteur de camion, car ce serait lui ôter peut-être à tout jamais la possibilité de réaliser le rêve de sa vie. En revanche, avec une besogne quelconque de cinq heures par jour, il lui restera, après s'être reposé, le temps indispensable pour imaginer une construction d'un nouveau genre, et même s'il ne trouve jamais une situation dans la profession dont il rêve, le rêve de sa vie ne demeurera pas totalement inexaucé. Dans un certain sens, chaque citoyen sera un petit patron dont l'entreprise comportera un petit risque : celui de choisir sa profession. Naturellement, une bonne organisation des enquêtes sur le marché du travail permettra à tous de se faire une idée assez claire des perspectives d'avenir qu'offrira la carrière choisie. Si, malgré tous les avertissements, on choisit un métier donné, on sera soi-même responsable des conséquences : salaire inférieur à cause de l'excédent de main-d'œuvre, insuffisance de prestige social, perte de temps provoquée par une rééducation. Quant au « prolétariat universitaire », il *devra être considéré* comme la victime de sa recherche de *prestige et* absolument *indigne d'être* subventionné.

Grâce à la suppression *de la* clause de l'équivalence de travail, on *pourra combattre* bien mieux, incontestablement, les marasmes de *l'économie. Si l'on* peut demander aux chômeurs *d'exercer des* activités qui ne correspondent pas à leurs désirs, on sera à même, *en* utilisant dès les premiers symptômes d'une crise *tous les moyens dont on* dispose (placement dans tous les postes *libres,* création *de* nouveaux emplois par des projets *d'utilité* publique, freinage de l'importation de main-d'œuvre étrangère), d'éviter *le déclenchement* dans la population de *cette* panique du chômage qui provoque immédiatement une diminution *de la* consommation, laquelle est la cause véritable, d'après de nombreux spécialistes, du marasme économique.

C'est surtout le problème des licenciements pour cause de *l'automatisation des* processus de production, que résoudra de façon élégante la journée de cinq heures. Comme on peut très bien prévoir une telle évolution, la suppression de la clause de l'équivalence du travail permettra de procéder à temps à la rééducation de la main-d'œuvre remplaçable par la machine en évitant ainsi les difficultés les plus graves. Contrairement à ce qui se passera pour les reconversions volontaires grâce auxquelles on voudra remédier à une erreur, dont on aura été soi-même responsable, dans le choix d'un métier, le salaire versé ne sera pas ici celui de l'étudiant, mais égal au dernier gain mensuel du travailleur intéressé. Autrement, les travailleurs des branches menacées, craignant d'être licenciés, commenceraient à restreindre leur consommation, avec les conséquences économiques désastreuses déjà mentionnées.

Toutefois, au cas où, à un certain moment, toutes les possibilités d'embauche seraient épuisées et tous les emplois libres occupés, on pourra en créer de nouveaux en raccourcissant encore la journée générale de travail et en accordant ainsi à tous les citoyens, parallèlement au progrès de la technique, encore plus de liberté. C'est la seule solution humaine, équitable au point de vue social et intelligente à celui de l'économie, au dilemme de l'automation. S'opposer à la machine pour défendre les emplois, comme le proposent quelques syndicats ouvriers, est absurde. La machine ne peut exécuter que des travaux vraiment monotones. On devrait être heureux d'abandonner tout emploi que l'automation condamne à disparaître. Et cette diminution du temps de travail ne devra jamais être liée à une réduction de salaire : le travail de la machine ne doit pas profiter en premier lieu à l'employeur, mais au travailleur. Quant à un abaissement général de l'âge de la retraite — on en discute pour supprimer le chômage — il n'accroîtrait pas seulement les difficultés sociales des vieillards, mais aggraverait le problème du prolétariat âgé, car les pensions ne pourront jamais être très élevées. On propose également comme solution de s' « habituer » à un taux de chômage élevé : mais il en résulterait l'angoisse éternelle de perdre sa place, avec pour conséquence des troubles économiques et sociaux qui n'en finiraient pas.

Et si malgré tout le chômage se fait un jour sentir, la journée de cinq heures offrira encore un avantage : puisqu'il y aura plus de travailleurs employés, il y aura relativement plus de chômeurs, mais il sera fort peu probable que tous les membres adultes d'une famille perdent à la fois leur situation. En règle générale, le mari et la femme ne travailleront ni dans la même firme ni dans la même branche d'activité. *Du* fait que, dans la plupart des cas, l'homme est aujourd'hui le seul à gagner de l'argent, son chômage *oblige* souvent une famille entière à vivre sur un revenu très diminué. Après notre réforme, l'un des adultes de la *famille* conservera certainement la totalité de son traitement, *et* de toute façon les enfants seront assurés contre toute crise par *leur* salaire d'apprentissage.

Il ne s'agit donc pas de renforcer la protection contre les licenciements, mais de *protéger* ceux qui sont congédiés. Il ne s'agit pas de promouvoir le droit au travail, mais le droit au temps libre, à la sécurité matérielle et au recyclage. Car ce droit au travail, s'il coûte cher à l'employeur, s'exerce surtout aux dépens de ceux qu'il doit protéger.

PLUS D'HEURES SUPPLÉMENTAIRES

L'interdiction rigoureuse de toute heure supplémentaire est une autre mesure qu'il ne faudra pas omettre lors de l'établissement de la journée de cinq heures. Cela sera d'autant plus nécessaire quand il s'agira de se préserver des conséquences funestes d'une surchauffe économique. Une trop bonne conjoncture, par un excès de la demande, entraîne sur le marché du travail l'apparition du suremploi et du manque de main-d'œuvre. Dans cette situation, de nombreux travailleurs tentent de faire des heures supplémentaires et travaillent peut-être même deux ou trois fois plus longtemps qu'ils ne le devraient. Car des horaires de dix ou quinze heures par jour deviennent possibles, grâce auxquels on arrive à gagner deux à trois fois plus. Non seulement c'est ramener la situation à son point de départ, mais encore l'aggraver. Car, une fois de plus, naturellement, ce seraient les hommes qui,

131

encouragés par les applaudissements de leurs épouses, accroîtraient ainsi leur rendement. L'homme qui gagnerait le plus obtiendrait de nouveau, en règle générale, la femme la plus attirante, et le moral féminin, loin de s'améliorer enfin, se corromprait — si possible — davantage encore.

Ainsi, après la réforme, il faudra supprimer toute possibilité de faire des heures supplémentaires, sauf pendant de très courtes périodes, dans des situations tout à fait exceptionnelles et dans des limites fixées avec précision par le législateur. Pour pouvoir maîtriser une avalanche momentanée de commandes, les employeurs devront obtenir des pouvoirs spéciaux. Si cette augmentation des commandes est durable, ils seront obligés d'avoir recours à de nouveaux travailleurs et de les engager par contrat (ce qui ne constituera pas un risque aussi grand qu'aujourd'hui à cause de la diminution des mesures de protection contre les licenciements).

Des deux solutions qui s'offrent pour maîtriser l'excès de la demande — recourir à des travailleurs immigrés ou favoriser la production dans les pays où règne le chômage — la seconde est non seulement la plus humaine puisqu'elle permet à des êtres humains de vivre dans leur milieu, mais aussi la plus opportune au point de vue économique. Lorsqu'un pays manque de main-d'œuvre, les salaires y augmentent toujours, ce qui renchérit les produits et compromet par conséquent *les* chances d'affronter la concurrence internationale : d'où *le danger* qu'une haute conjoncture soit toujours suivie du marasme. Si au contraire on produit à l'étranger, et autant que possible sur le lieu même de la vente, on pourra réduire considérablement *la* course des salaires et des prix, mais on sera *également* beaucoup plus indépendant des exportations lors des prochaines crises. En outre, l'expédition par des travailleurs immigrés des travaux « non compatibles », crée des ressentiments internationaux dont les conséquences politiques sont difficiles à prévoir.

Une situation économique exceptionnelle d'un *type* particulier sera provoquée par l'incorporation de la femme au foyer dans le monde du travail, qui est *indissolublement liée* à notre réforme. Nous nous en occuperons dans *l'avant-dernière* partie *de* ce livre.

CONSÉQUENCES D'UNE NOUVELLE VIRILITÉ

ÉGALITÉ VOLONTAIRE DANS LES OBLIGATIONS

Une diminution des salaires accompagnée d'une réduction des heures de travail constituera le moyen technique idéal pour mettre fin à l'hégémonie féminine car, après une telle mesure, les femmes devront et voudront travailler.

Il va de soi qu'une réduction massive de la masse salariale forcera les femmes à travailler. La baisse du niveau des salaires mobilise automatiquement la main-d'œuvre féminine potentielle : c'est là une loi économique. En effet, il existe alors très peu de familles où le salaire d'un seul adulte suffit à l'entretien de deux, trois ou plusieurs personnes supplémentaires. Pourtant, comme nous l'avons déjà dit, dans une société démocratique on ne peut faire agir les femmes contre leur gré. On ne pourra donc pas procéder à une réduction générale des salaires si elles n'en veulent pas. Du fait qu'elles exercent indirectement le pouvoir politique, le gouvernement qui voudrait appliquer une telle mesure et obliger la partie féminine de la population à travailler comme les hommes serait renversé en quelques jours. Naturellement, ce seraient les hommes qui se chargeraient de le jeter à bas. Les femmes ne font pas de révolution, il leur suffit de la désirer. Il faut donc que les femmes veuillent travailler. Puisqu'on ne peut leur imposer l'égalité des obligations, il faut les allécher pour qu'elles l'acceptent.

Le modèle de la journée de cinq heures constituera pour elles l'appât optimal, car il élimine à la fois les inconvénients du statut de la femme au foyer ainsi que ceux du travail à plein temps et à temps partiel. Cinq heures par jour de travail ne leur causeront aucune fatigue ni aucune tension nerveuse insupportables, et tous leurs autres problèmes seront simultanément résolus : l'ennui, la solitude, leur dépendance économique et sociale, leur frustration sexuelle et spirituelle : aussi, après la réforme que nous proposons, la femme au foyer acceptera-t-elle de bon gré de travailler. Et quant à celles qui demeureront encore chez elles parce que le mari, arrivé à une haute situation, continuera à gagner assez en quelques heures pour assurer leur entretien, on les regardera avec étonnement, comme des fossiles : c'est-à-dire qu'étant rejetées dans un rôle marginal, elles voudront tôt ou tard s'adapter. *Et les* jeunes filles dorénavant ne choisiront plus cette « profession ».

Dans les professions véritables, on ne travaillera plus toute la journée ni à temps partiel, source de « discrimination de la femme », mais seulement cinq heures par jour sans que l'un des deux sexes soit ou privilégié ou désavantagé. Lorsque hommes et femmes seront des travailleurs également dignes de confiance, c'est le candidat le plus qualifié, quel que soit son sexe, qu'on choisira : dans une économie de marché, il est impossible de se permettre une autre attitude. Les trois inconvénients de la demi-journée de travail (difficulté de trouver un emploi, difficulté de le garder et difficulté d'y progresser), disparaîtront totalement puisqu'il n'y aura plus d'autre mode de travail que celui-là. Et il restera seulement *les* avantages qu'on reconnaît *généralement* aux occupations à temps partiel.

Les femmes ont déjà prouvé aujourd'hui que, dans des conditions différentes, elles sont capables de travailler réellement. Dans la plupart des pays occidentaux, l'enseignement est devenu une profession à prépondérance féminine — jusqu'à 90 % dans l'école primaire — et cela bien que le métier de professeur présuppose une formation prolongée et un certain penchant intellectuel. Mais le corps enseignant bénéficie d'un statut spécial : en comptant les vacances scolaires, ses membres ont au moins deux fois plus de temps libre que les autres travailleurs. Selon les pays et le type de l'école, instituteurs et professeurs ont par semaine de dix-huit à trente-deux « heures » de classe, chacune de quarante-cinq minutes, soit de treize heures et demie à vingt-quatre heures de cours. Le temps supplémentaire qu'ils consacrent encore à leur tâche dépend dans une large mesure de leur bonne volonté et de leurs habitudes. La plupart des enseignantes ne se laissent détourner de leur travail ni par leurs enfants ni par les soins du ménage, et de toutes les professions féminines, c'est celle où il y a le moins de fluctuation dans le personnel. Et de ce fait, on ne constate pas non plus dans l'enseignement de « discrimination de la femme», et les établissements scolaires, privés ou d'État, ne marquent aucune préférence pour les hommes. Et si les directeurs d'écoles sont en majorité des hommes, cela est dû au fait qu'à cet échelon, le travail prend beaucoup de temps, et que seules quelques institutrices ou professeurs femmes sont disposées à y consacrer le leur.

L'homme — le « législateur » — peut donc sans *danger* décréter une réduction générale, fixée par la loi, du temps de travail, la majorité des femmes n'aura rien à y *objecter*. Après une campagne d'explications nécessaires, il n'y aura plus qu'à mettre cette réforme au point dans tous ses détails.

UNE PÉRIODE *PÉNIBLE* POUR LES HOMMES MANIPULÉS

Mais la résistance viendra peut-être d'autre part ? Peut-être des hommes ?

Après *la* réforme, ils seront aussi indépendants qu'il est possible de l'être dans les circonstances actuelles, car en dehors de leur temps de travail diminué, ils seront complètement libres et pourront dire et faire ce qu'ils veulent. Même dans le travail ils pourront risquer davantage : en effet, la situation économique et sociale de toute une famille ne dépendra plus de leur soumission, et ils n'auront pas à s'y laisser humilier comme aujourd'hui. Dans leur profession, les hommes, à ce point de vue, seront enfin les égaux des femmes : ils pourront s'affirmer vis-à-vis de leurs supérieurs avec autant d'indépendance que leurs collègues féminins.

Mais si cette indépendance doit améliorer clairement leur situation, tous les hommes, au début, ne l'accueilleront pas de bon gré. L'éducation qu'ils ont reçue ne les a-t-elle pas habitués à consacrer tout leur temps à leur travail et tout leur argent à leur famille ? Brusquement, on exigera d'eux qu'ils gardent tout — temps et argent — et qu'ils vivent désormais pour eux au lieu de vivre pour les autres. On peut imaginer que, devant la perspective d'une aussi grande indépendance, une sorte de panique saisira surtout ceux qui auront été manipulés de façon compétente. Après le lavage de cerveau qu'ils ont subi dès leur plus tendre enfance, ils ne se sentent satisfaits qu'en étant « utiles ». Avoir du temps à soi et être indépendant au point de vue économique, voilà au fond les seules choses qu'ils redoutent vraiment.

Notre proposition doit donc rencontrer moins de résistance de la part des femmes que de celle de l'homme manipulé, produit de l'éducation qu'elles lui ont donné : ce genre d'homme réclame constamment que la femme « demeure tout à fait femme », voulant dire par là qu'elle doit continuer à jouer le rôle d'un enfant parce qu'il souhaite continuer à assumer à son égard celui de père nourricier. Car il a été si bien dressé en vue de ce rôle qu'il en a fait tout le sens de son existence.

Certes, il n'existe personne qui puisse vivre sans programmation, et nous recherchons toujours à donner un « sens » à tous nos actes. Un être humain heureux n'est jamais un être libre. Être heureux, c'est s'attacher à une idée fixe, c'est-à-dire agir d'après une échelle de valeurs bien définie — politique, morale, esthétique, religieuse — ou au moins arriver à dépendre des valeurs d'un autre à cause de l'amour qu'on ressent pour lui. L'homme que nous appelons « libre » se différencie de nous uniquement par le fait qu'il s'attache à un système contraire à tous les liens que nous acceptons, l'homme « libre » les évite *systématiquement*. Par notre comportement, nous décidons donc indirectement du sien. Un homme « libre » renoncera à la femme qu'il aime plutôt que de l'épouser, et bien qu'il fasse alors exactement le contraire de ce qu'il désire sur le moment, il sera plus heureux en obéissant à ses convictions religieuses — il croit à la liberté — qu'en cédant à son inclination. Il ne serait véritablement *libre* que s'il n'avait trouvé aucune idéologie à laquelle il accepte *librement* de se plier. C'est-à-dire s'il ne croyait à rien, même pas à la liberté personnelle.

Il serait donc peu sage de promettre la liberté aux hommes. D'abord, c'est une promesse qu'on ne pourrait pas tenir, et ensuite un tel mot d'ordre ne pourrait que les effrayer. La liberté dont il est question dans ce livre, c'est celle de pouvoir choisir ses attaches et ses liens : le plus grand avantage de ce changement sera de permettre aux hommes de s'engager plus souvent, plus durablement et plus à fond, car ils seront libérés de servitudes involontaires dont la plupart sont seulement matérielles : épouse qu'ils n'aiment plus, enfants qui ne sont pas encore établis, employeurs qui les exploitent.

Naturellement, quand ils auront plus de temps et plus d'autonomie financière, les hommes s'adonneront encore plus aux objets de leur dépendance : avec encore plus de conviction, ils voudront atteindre leur but politique, ils se consacreront encore plus résolument aux tâches qu'ils estimeront être d'importance vitale, ils s'affronteront avec une ardeur plus absolue dans la concurrence qui les oppose et, naturellement, leurs amours seront bien plus passionnés qu'aujourd'hui. Mais contrairement à ce qui se passe à notre époque, *ils* choisiront librement les objets de leur dépendance et pourront à tout instant s'en dégager ; ils ne seront prisonniers d'une tâche ou d'un autre être humain qu'aussi longtemps qu'ils le désireront. *Et c'est cette* différence — cette *liberté de renoncer à une* croyance dès qu'on n'y croit plus — qui constitue toute cette dignité de l'Homme, dont il est si souvent question. Et ce point précis marque la frontière de notre bonheur et de notre malheur.

Dans la situation actuelle, l'homme ne peut décider qu'une seule fois à qui il veut faire don de sa liberté, et encore ne s'agit-il pas d'un choix vraiment « libre ». La profession à laquelle son éducation et son milieu le destinent dès l'âge de quinze ans, la femme qui lui est attribuée une dizaine d'années plus tard à la suite de ce premier choix — elle se laisse « conquérir » ! — déci- dent du cours de toute sa vie. Il peut changer complètement au fur et à mesure que s'écouleront les années, quelles que soient la profession ou la femme qui lui plairont quand il aura quarante, cinquante ou soixante ans, son sort est scellé. Seuls les hommes qui réussissent le mieux dans la vie peuvent s'évader de ce système et bénéficient d'une seconde chance, au moins pour le choix de leur partenaire féminine. Mais la plupart d'entre eux se sont tellement épuisés dans la poursuite même de cette chance qu'ils ne peuvent même plus en profiter vraiment. Et dans la situation actuelle, même la joie de ceux qui décideraient de garder toujours leur première femme se trouve empoisonnée : l'obligation qu'ils ont de toute façon de rester près d'elle leur ôte toute possibilité de faire de leur liberté de décision le symbole de leur inclination. Vus du dehors, ils continuent à vivre comme tous les autres dans la contrainte d'une communauté forcée.

Seuls les hommes fortunés peuvent vraiment prouver qu'ils restent librement près de leur compagne. L'homme au revenu moyen ne fait aucun honneur à celle qu'il aime par sa présence au foyer, puisqu'il lui est quand même impossible de s'en aller.

Malgré tout, nombreux seront les hommes qui se dresseront contre notre réforme. La nouvelle indépendance sera surtout un sujet d'angoisse pour ceux que leur éducation a préparés à fond au rôle d'accepter des ordres et qui s'y sont habitués depuis si longtemps qu'ils ne peuvent rien imaginer d'autre. Ils se rendront compte qu'il n'y aura plus personne pour leur prescrire, jour après jour et heure après heure, ce qu'ils devront faire de leur vie. Ce ne sera pas seulement le petit employé, mais surtout le grand directeur au carnet d'échéances plein à craquer, qui reculera épouvanté devant la perspective d'avoir plus de temps, c'est-à-dire plus de temps à soi. Si sa situation lui permet de disposer d'autres que lui, d'autres encore disposent de lui à tous les moments de sa vie. Pendant au moins une période de transition, un tel homme se sentira « sans maître », tout à fait perdu.

Il sera donc bon de réfléchir à la manière d'adoucir le traumatisme psychique que notre réforme fera subir, bon gré mal gré, à la plupart des hommes. Le processus sera irréversible : une fois ouvertes les portes de la prison, il n'y aura plus moyen de se remettre à l'abri de notre style actuel de vie. Seuls les riches auront le privilège de goûter à cette liberté nouvelle et de reprendre le cas échéant leur ancien rôle : leur rendement élevé leur permettra toujours de trouver une femme qui s'émerveillera d'avoir un tel esclave et qui jouera l'enfant pour lui plaire. Les autres hommes devront bien ou mal s'adapter à leur indépendance. Leurs épouses ne leur demanderont plus comment ils se tirent d'affaire dans leur situation nouvelle. Du fait qu'ils ne leur seront plus *utiles,* elles leur redonneront en un seul jour toutes les libertés qu'elles auront confisquées tout au long de leur vie en utilisant les méthodes les plus subtiles qui soient.

141

Car une chose est sûre : du moment que les femmes n'auront plus besoin de l'homme manipulé, elles cesseront immédiatement le dressage indispensable à cette manipulation. Et par conséquent les étalons de valeur qu'elles imposent actuellement pour juger de la virilité d'un homme deviendront d'eux-mêmes caducs : on ne racontera plus à une bonne crème de mari qu'il opprime brutalement son épouse. Ceux qui veulent à tout prix se marier ne s'entendront plus certifier qu'ils exercent sur les femmes un irrésistible pouvoir érotique. Les vieux messieurs fortunés n'auront plus la joie d'apprendre qu'une toute jeune fille se sent « tellement en sûreté » dans leurs bras. À des amants moyens, on n'imposera plus de performances au-dessus de la moyenne, et on ne reprochera plus à ceux qui sont vraiment puissants d'abuser de leur partenaire. Tout cela est aujourd'hui nécessaire pour inciter les hommes à avoir des rendements toujours supérieurs ; à concéder toujours davantage, tout en les tenant à une distance aussi grande que possible. Après la réforme, même le journal le plus attardé n'écrira plus que les femmes vivent asservies dans une « société d'hommes », et que toute affaire sexuelle n'est que le viol du plus faible. Puisque personne n'en tirera plus avantage, cette entreprise d'intimidation de l'homme aura cessé.

À l'insécurité et à l'angoisse qui sont les symptômes douloureux de ce dressage, s'ajoutera un autre traumatisme, le plus pénible que l'homme ait à supporter : il prendra soudain conscience qu'il a été infiniment ridicule. Car il ne se rendra compte de l'énorme manipulation dont il est aujourd'hui l'objet que lorsque cette manipulation aura cessé. Il s'apercevra alors à quel point il a été comique dans son rôle de parade de foire, il constatera avec quelle aisance souveraine on a tiré les ficelles qui lui faisaient faire ses petits tours de force, il découvrira le montant de cynisme que recouvraient les applaudissements de sa partenaire, et à quel point cette comédienne savait jouer l'impuissance. Il verra clairement que, dès le moment de sa naissance, on ne lui a jamais offert ne serait-ce qu'une chance véritable, pas plus qu'au taureau qu'on oblige à entrer dans l'arène. Et quand il croyait être vainqueur, provisoirement, tout comme le taureau qui parvient à encorner un toréador, il y avait toujours quelqu'un d'autre pour agiter devant lui le chiffon rouge et, finalement, lui donner le coup de grâce aux applaudissements du public.

Après notre réforme, l'homme manipulé devra donc s'avouer que tous les efforts qu'il aura faits jusqu'alors étaient vains. Il avait cru par exemple se créer un foyer grâce à son activité, mais quand il a enfin le temps d'y vivre, il lui faut admettre que sa présence y est gênante, qu'aucune place n'a vraiment été prévue pour lui, car on organise un foyer pour ceux qui y vivent, et on ne l'y a considéré que comme un visiteur. Il avait cru également que des êtres humains lui appartenaient : il lui faudra, en les fréquentant enfin, admettre que ses enfants au moins se sont sentimentalement greffés sur leur mère et que ce sont d'autres que lui qui, depuis une éternité, ont choisi ensemble leurs joies communes. Et surtout il s'était imaginé qu'avec toute la peine qu'il se donnait, il était devenu au moins un homme, mais il aura la révélation que cela aussi n'était qu'une illusion puisque tout ce qui était auparavant considéré comme viril ne le sera plus, puisqu'on attendra de lui, tout à fait clairement, quelque chose d'autre.

Mais ce quelque chose d'autre, que sera-t-il ? Au moins sur ce point — la recherche d'un nouveau rôle — les femmes pour- raient aider les hommes.

143

LE DEUXIÈME SEXE

La femme proxénète elle aussi disparaîtra de la vie quotidienne. D'une part, les femmes gagneront leur propre vie sans de trop grands efforts, et d'autre part le salaire moyen de l'homme sera trop bas pour qu'elles aient bénéfice à l'endoctriner. Et c'en sera vite fait de la mode de l'homme-pute, celui qui met à la disposition de l'employeur le plus offrant toute sa force et tout son esprit pour pouvoir entretenir une femme.

Car lorsque la femme ne l'utilisera plus comme moyen de gagner de l'argent, elle admettra enfin qu'il décide lui-même de son sort et découvrira qu'il peut servir à l'amour. Et du fait qu'actuellement il n'y sert qu'exceptionnellement, il va de soi que l'homme se métamorphosera.

Mais dans quel sens ? Rappelons-nous que normalement l'amour ne peut prospérer qu'entre deux êtres intellectuellement semblables et aux caractéristiques physiques absolument contraires (Le Sexe polygame, chap. « Qu'est-ce qu'un partenaire sexuel ? »), c'est-à-dire entre deux partenaires qui se comprennent, mais dont l'aspect extérieur et le comportement sont les plus différents possibles. Le premier problème, celui du niveau intellectuel, ne pourra être résolu que par les femmes : puisque, comme on le sait, on ne peut revenir à volonté en arrière sur son développement intellectuel et qu'on ne peut supprimer tout simplement l'intelligence, les hommes, même s'ils le voulaient, ne pourraient s'abêtir sur ordre. Mais les femmes sont capables d'apprendre sur ordre, et grâce à la véritable concurrence qu'elles devront affronter pour la première fois, il faudra bien qu'elles le fassent. Ne pouvant plus se permettre d'être bêtes, elles auront tôt ou tard l'esprit aussi souple que leurs compagnons, et l'une des deux conditions de l'amour sera de ce fait automatiquement remplie.

La seconde condition, bien plus importante, dépend uniquement des hommes. Car jusqu'à présent, seules les femmes, dans leur aspect extérieur — dans leurs vêtements, leur gesticulation, leur comportement — sont autant que possible différentes d'eux. Par tous les moyens imaginables, elles font tout, et souvent trop, pour se distinguer des prototypes virils. Et comme il est clair que les hommes préfèrent les femmes dont le physique est à l'opposé du leur, — donc féminin — le choix qu'elles offrent est d'autant plus grand. Le jour où les femmes ne jetteront plus leur dévolu sur un homme d'après l'utilité qu'il a pour elles, mais à cause du contraste qu'il présente avec elles-mêmes, les hommes eux aussi voudront accentuer leurs différences et paraître aussi virils que possible. Lorsque les femmes n'auront plus besoin de l'arriviste, quand elles choisiront des hommes virils ou rien du tout, les hommes qui ne voudront pas rester seuls s'adapteront à cette condition et deviendront tels qu'ils plairont aux femmes. C'est-à-dire que, grâce au nouveau principe d'option de la femme, les deux partenaires se prononceront enfin pour la même raison : à cause de leurs contrastes ils se sentiront attirés l'un vers l'autre, parce qu'ils se désireront *réciproquement*. Comme nous le verrons plus loin, cette révolution n'affectera pas seulement les relations entre les deux sexes, mais toute la structure sociale.

Cependant, quelles sont ces qualités qui rendront l'homme désirable à la femme ? Il existe quelques caractéristiques viriles innées dont on ne peut nier la puissance attractive : de larges épaules, des bras puissants, une voix grave, une barbe fournie, confèrent à quelques hommes un certain avantage sur les autres, et donnent à la femme, a priori, une très grande impression de différence. Mais beaucoup plus importantes que ces qualités naturelles sont les qualités acquises. L'homme qui entre bien dans son rôle viril, l'homme *bien au point,* peut facilement éclipser un concurrent brut aux qualités seulement *innées.* Car du fait qu'il y a très peu d'hommes et de femmes vraiment par- faits, la multitude de ceux qui sont imparfaits a su se défendre en adoptant, concernant l'aspect et le comportement « typiquement masculin » et « typiquement féminin », un certain nombre de lois qu'il suffit de suivre pour pouvoir compenser l'absence de contrastes innés, comme par exemple un manque de beauté. Entre-temps, ces règles sont devenues à tel point partie intégrante de nos concepts de la virilité et de la féminité, qu'un homme né viril peut détruire tout ce qu'il y a de viril en lui s'il ne les observe pas. Un sourire de trop ou un vêtement mal choisi peuvent le faire paraître soudain si « anti-masculin » qu'il n'aura pas la moindre chance devant des concurrents plus frêles mais qui respectent ces normes. Une *beauté froide* — qui n'a pas besoin d'être pourvue de qualités féminines parce qu'elle attire instantanément l'attention des hommes — n'aura dans le meilleur des cas qu'une avance de deux jours sur une rivale moins belle, mais « féminine ».

Puisque les êtres humains possèdent la faculté d'acquérir des qualités déterminées, cela signifie également que chacun de nous, jusqu'à un certain point, peut acquérir celle qu'il lui plaît, et qu'on peut enseigner non seulement aux hommes, mais aux femmes, n'importe quelle attitude caractéristique sexuelle susceptible d'être apprise. Naturellement, du fait de sa constitution physique, l'un des deux sexes adoptera plus facilement que l'autre une certaine

146

démarche, une certaine mimique. Mais avec un peu de patience, l'autre sexe pourra lui aussi se les approprier. Cela veut dire que nous pourrions répartir arbitrairement, entre les deux sexes, les qualités que nous désignons aujourd'hui comme étant typiquement viriles ou féminines, à tel point que, si on le désirait, un homme robuste pourrait avoir l'air aussi délicat qu'une toute jeune fille, et celle-ci toutes les manières d'un rôdeur de barrière.

D'après tout ce qu'on sait aujourd'hui, en dehors de leurs *différences* d'ordre biologique, les hommes ne sont pas « naturellement » ce qu'ils sont, pas plus que, de leur côté, les femmes. Même *certaines* caractéristiques qu'on avait crues jusqu'ici *innées* — comme la plus *grande facilité de parole de la* femme — seraient acquises, selon certains savants : Kagan et Levy ont observé que les mères, en général, *parlent* plus abondamment à leurs filles qu'à leurs fils quand les uns et les autres sont petits, si *bien qu'elles aident les* enfants de leur sexe à prendre une avance *qui sera par la* suite difficile à *rattraper. Chez l'*homme, la plus *grande capacité de concevoir* spatialement, condition nécessaire d'une meilleure compréhension technique, serait due simplement à certains *jeux* qu'on favorise chez les garçons.

D'après les observations de E. Bing (Cf. *Time Magazine*, 20 mars 1972), cette capacité se développe également chez les petites filles quand leur mère les abandonne à elles-mêmes dans la même mesure que les garçons. Il n'y a guère que l'agressivité, plus grande chez les hommes, qu'on considère aujourd'hui comme conditionnée par les hormones et par conséquent comme innée. Mais on peut conclure de la douceur des hommes qui appartiennent à certaines sectes, à certains cercles culturels, qu'il est possible de tempérer cette agressivité, sans autre difficulté, au moyen d'un entraînement approprié.

Si certaines caractéristiques typiquement sexuelles peuvent être acquises, notre réforme ne devrait-elle pas procéder à une nouvelle répartition ? Ne devrait-on pas essayer de fixer un nouvel étalon de valeurs, non seulement pour la virilité, mais pour la féminité, de sorte que ni l'une ni l'autre ne s'en trouve de nouveau avantagée ? Et dans ce cas, à quel sexe devrait-on attribuer une qualité, et à quel autre la qualité contraire ?

Devrait-on laisser à l'homme son agressivité ou l'enseigner à la femme ? Les hommes devraient-ils avoir l'air délicat et émotif plutôt que leurs compagnes ? Et lesquels doivent se farder ? Et lesquels encore se déhancher en marchant ? Et lesquels avoir la larme facile ?

Heureusement, toutes ces questions ne se poseront jamais. Car sur ces points comme sur tant d'autres de notre réforme, tout dépendra de la bonne volonté des femmes, et elles n'accepteront jamais une nouvelle répartition des qualités caractéristiques de l'un et l'autre sexe. Les femmes savent très exactement ce qu'est la féminité ; le pôle féminin d'une qualité quelconque est toujours celui qui se laisse le plus facilement acquérir et qui plus tard rapporte les plus grands avantages.

Par exemple, il est féminin de manifester ses sentiments, de pleurer, rire, bavarder, glousser, piailler, chaque fois qu'on en a envie. Se maîtriser est pénible. Se laisser aller ne l'est pas, et voilà pourquoi la maîtrise de soi est une

POUR UNE NOUVELLE VIRILITÉ

qualité virile. Seuls les artistes ont l'autorisation d'être aussi émotifs qu'une femme, il faut même qu'ils le soient, car contrairement aux autres hommes, leur émotion les honore.

Il est également féminin de se farder, de se parer de bijoux, de porter des vêtements extravagants. Quiconque est incapable d'améliorer son aspect extérieur est désavantagé, aussi considère-t-on qu'il est viril de ne pas se farder, de ne pas se parer, et de porter une coiffure et des vêtements que rien ne distingue des autres. Quant aux femmes, elles peuvent se farder ou non, porter ou non des bijoux, avoir des cheveux longs, courts, lisses, frisés, blonds ou bruns, se grandir ou diminuer leur taille d'après la hauteur de leurs talons, elles ont le choix entre une jupe et un pantalon, des couleurs neutres ou criardes, un tissu transparent ou un tweed, une coupe simple ou des nœuds et des volants. L'homme qui revendique pour son usage personnel une seule de ces possibilités de transformation, qui par exemple se teint les cheveux ou se grandit avec des semelles spéciales, est immédiatement considéré comme si peu viril qu'il ne peut guère trouver de femme qu'en l'entretenant.

Et quiconque ose mobiliser par son habillement ou son comportement le désir sexuel des individus du sexe opposé, est toujours féminin : car être désiré est un avantage et quiconque l'est en restant de glace, domine l'autre. Et bien qu'il s'agisse d'accentuer leur virilité, les hommes qui se découvrent les bras pour attirer l'attention sur la musculature de leurs biceps ou qui rembourrent leur entrejambe pour faire croire que leur membre sexuel est volumineux, semblent aux yeux des femmes absolument dépourvus de virilité. La provocation n'est permise qu'à un sexe, qui est automatiquement le sexe féminin. Seuls les

149

homosexuels tournent cette loi, toutefois ce ne sont pas les femmes qu'ils recherchent, mais les hommes.

Et comme il est plus facile d'acquérir des qualités passives qu'actives, on est toujours d'autant plus féminin qu'on est plus passif, c'est-à-dire quand on donne l'impression d'être tendre, délicat, conciliant, influençable et susceptible. D'autre part, l'agressivité, le goût du risque, la logique, l'intégrité et l'assurance, sont des caractéristiques qui peuvent vous causer de grosses difficultés ; aussi demeurent-elles l'apanage des hommes.

En d'autres mots, dans chaque couple de qualités, la plus commode, la plus rentable et la plus sympathique se trouve déjà en bonnes mains : pendant que l'homme était au travail, la femme a procédé à la répartition des caractéristiques des sexes, et décidé une fois pour toutes quelles sont celles qui lui appartiennent. L'homme nouveau ne pourra donc pas être ce qu'il veut, mais seulement ce que les femmes ne sont pas. C'est-à-dire qu'il lui faudra préférer les qualités que les femmes veulent bien lui laisser, et être *viril* du fait qu'il sera *non-féminin.* Car puisque la femme a pu choisir la première, elle s'est décidée naturellement pour ce qu'il y a de plus avantageux dans chaque couple de qualités : l'émotivité extrême au lieu de l'extrême maîtrise de soi, la diversité extrême au lieu de l'uniformité absolue, l'expansivité au lieu de la retenue, la passivité à la place de l'activité. L'homme ne peut plus être aujourd'hui que le contraire de la femme : le sexe *autre,* le *deuxième* sexe.

Ainsi, après notre réforme, les femmes, dans tout ce qui concerne leur comportement sexuel caractéristique, demeureront d'abord telles qu'elles sont aujourd'hui. Mais les hommes deviendront ce qu'ils s'imaginent être. Car en règle générale, une musculature puissante ne suffira plus : pour qu'un homme fasse une impression vraiment virile sur les femmes, il devra également se comporter en homme. Car si une femme est tolérante avec l'homme qui l'entretient, si elle le félicite quand il prostitue son esprit, l'encourage dans ses trahisons, approuve ses indiscrétions, supporte sa vanité, le confirme dans sa suffisance, ignore sa sentimentalité et ferme les yeux en silence sur ses manières et ses vêtements efféminés, elle ne pardonnera rien de tout cela à son amant. Être viril, ce ne sera plus gravir à tout prix l'escarpement d'une carrière professionnelle, mais manifester une force physique et psychique dont il faudra à tout instant faire la preuve par un aspect et un comportement appropriés. Dès qu'on soupçonnera qu'une promotion ou un titre quelconques sont dus à une faiblesse — trop de souplesse, trop de soumission, ou trahison de ses propres conceptions — ce vainqueur verra sa victoire se retourner automatiquement contre lui-même. Naturellement, l'homme pourra sortir de ce rôle pour cultiver une fois de plus les qualités de l'arriviste, mais si cette attitude ne lui rapporte pas beaucoup, il se retrouvera très vraisemblablement seul. Et il va de soi qu'après la réforme les hommes pourront se conduire comme des femmes — manifester leurs émotions, se farder, se déguiser — mais il leur faudra alors renoncer à elles. On ne dira peut-être pas autant à un gosse qu'un « vrai garçon » ne pleure pas, mais les « vrais garçons » ne pleureront pas plus qu'aujourd'hui. Un homme que le moindre reproche ferait éclater en sanglots continuera à paraître à la plupart des femmes insuffisamment différent, pas assez non féminin. Après la réforme, il n'y aura toujours qu'un sexe qui aura le droit de pleurnicher. Et quant à savoir lequel, la décision est déjà prise.

Serons-nous donc revenus à notre point de départ ? Les femmes décideront-elles de la virilité nouvelle comme celles qui les ont précédées l'ont fait de celle d'aujourd'hui ? La femme manipulera-t-elle aussi bien les qualités de l'homme libre que celles de l'homme manipulé ? Quel serait donc le progrès ? Tout se passera-t-il comme dans ces histoires du marquis de Sade où le bourreau ne lâche sa victime que pour avoir la jouissance de la capturer de nouveau à l'instant d'après ? C'est exactement cela.

Et malgré tout, cela en vaudra la peine. Car contrairement aux histoires du marquis, celle-ci connaîtra une fin heureuse.

DU SEXE À DES PRIX DE DUMPING

Car en se livrant pour la dernière fois aux femmes, les hommes, pour la première fois, auront eux aussi les femmes en leur pouvoir. Elles ne peuvent manipuler froidement que l'homme qui les entretient : aucune des qualités qu'il a ne sert à quoi que ce soit dans un lit. Mais vis-à-vis de celui qu'elles aiment, elles aussi sont impuissantes. Après la réforme, quand les hommes se prêteront un peu mieux à l'amour, il leur arrivera de susciter des passions chez les femmes : quand on les trouvera plus désirables, on les désirera vraiment davantage. Les femmes ne joueront plus la comédie d'aimer, elles connaîtront l'amour. De cette façon, pour la première fois, le pouvoir sera également partagé entre les deux sexes. Certes, tout comme aujourd'hui, les hommes tomberont amoureux des femmes, mais enfin les femmes elles aussi seront amoureuses des hommes.

Une première conséquence pratique de cette situation nouvelle sera la disparition du prix attaché à l'utilisation du vagin de la femme. Du fait qu'hommes et femmes éprouveront un désir *réciproque,* il n'y aura plus aucune raison pour qu'un sexe paye pour faire l'amour et que l'autre se fasse payer. Quand la majorité des femmes ne fréquenteront plus que des hommes qu'elles aiment, l'exercice de la sexualité, qui est une partie de l'amour, sera généralement gratuit. Lorsqu'après la réforme les femmes se comporteront avec autant de liberté qu'aujourd'hui les hommes, et quand ces derniers, libérés des fatigues et des tensions professionnelles, auront le temps et l'énergie de se consacrer à leurs passions, on constatera sur le plan social les conséquences suivantes :

a)   *Recul de l'institution du bordel :* Le comportement sexuel des femmes dites décentes ayant changé, les femmes dites indécentes se trouveront tôt ou tard en chômage. Ce sera la seule possibilité de mettre fin, sans employer la violence, à l'institution, florissante dans nos pays occidentaux, du bordel. Ce traumatisme, né de la réserve habile et fructueuse des femmes de la bourgeoisie et qui concerne une minorité de femmes et une majorité d'hommes, sera donc éliminé. Et les bourgeoises elles aussi en tireront avantage. Car, bien qu'il dissimule ses véritables sentiments sous une attitude conquérante, l'homme qui entre dans un bordel sait que les femmes le trouvent si peu intéressant ou si repoussant qu'il lui faut acheter le droit de toucher l'une d'elles. La fréquentation des prostituées s'accompagne toujours d'une humiliation dont l'homme, tôt ou tard, se venge sur d'autres femmes.

b)   *Diminution des « ratages conjugaux »* : Les femmes qui ont épousé les hommes qu'elles ne désirent pas compensent *leur* insatisfaction sexuelle en jouant *les* martyrs, ou en se transformant en despotes ou en trompant *leur* mari. Celles dont *le mari* surchargé de travail ne dispose de ce fait ni de temps ni de force à consacrer à la sexualité, trouvent un jour ou *l'autre leur* bonheur dans les bras d'un autre. Et les hommes que *leur* femme ne désire pas doivent logiquement chercher une *nouvelle partenaire* sexuelle. Après notre réforme, les *deux époux se* désireront mutuellement, ils seront donc plus fidèles qu'auparavant.

c)   *Recul de la criminalité sexuelle :* Il va de soi qu'avec une plus grande liberté sexuelle de la femme, les hommes tenteront beaucoup plus rarement d'en posséder une par la force. Et le « viol conjugal », ce délit si fréquent, du fait même de la réforme, perdra lui aussi du terrain : en outre, l'homme qui dort nuit après nuit dans le même lit que sa femme, laquelle se refuse à lui, doit presque obligatoirement à un moment quelconque, perdre sa maîtrise de soi. Il l'a épousée parce qu'il la désirait, n'est-ce pas ? La cause du délit disparaîtra avec la réciprocité du désir. La femme elle-même trouvera qu'il va de soi de faire l'amour avec l'homme dont elle a voulu partager le lit.

d)   Baisse du taux de frigidité de la femme : Les résultats de toutes les recherches faites à ce sujet tendent à prouver qu'à désir réciproque égal, l'appétit sexuel est équivalent. Une femme frigide est donc sexuellement anormale, ou alors son partenaire ne lui convient pas : par opportunisme elle a épousé un protecteur, un « père », ou par pitié un protégé, un « enfant ». Qu'elle n'ait aucune envie de faire l'amour avec l'un ou l'autre n'est certainement pas le symptôme d'une maladie. Une femme qui éprouve des difficultés pour parvenir à l'orgasme n'a pas besoin d'un psychanalyste, mais d'un homme : en le choisissant d'après le nouveau principe, elle en aura un.

e)   Sexe sans mode d'emploi : Contrairement aux craintes des hommes, en règle générale, l'augmentation du désir n'entraîne chez la femme aucun développement de l'agressivité sexuelle. Du fait que la jouissance des deux partenaires dépend de l'excitation qu'elle provoque chez l'homme, celles que les plaisirs sexuels intéressent se comportent toujours de façon à approcher le plus possible de leur but. Dans un cas, par une certaine agressivité, dans un autre, par de la passivité, tout cela selon la préférence de l'homme. Pour des raisons biologiques, les rapports sexuels doivent donc, dans l'ensemble, se dérouler selon le goût de l'homme. Le corps à corps par lequel les hommes d'aujourd'hui tentent d'obtenir l'orgasme des femmes qu'ils ne payent pas afin de s'assurer une réédition d'un plaisir rare, appartiendra un jour au passé. Le petit service humiliant, rendu selon les prescriptions du mode d'emploi, passera lui aussi de mode.

f)   *Cessation de la distinction entre le sexe et l'amour :* La qualification étrange par laquelle on cherche aujourd'hui à rabaisser une passion sexuelle — « ce n'est que du couchage » — disparaîtra elle aussi. Elle est seulement nécessaire tant qu'on considère la femme comme un objet à protéger, et qu'on ne peut abandonner si l'on éprouve un nouvel amour (cf. *Le Sexe polygame,* chap. « Le syndrome paternel »). Après la réforme, l'être humain avec lequel on éprouvera le plus de plaisir sera également celui qu'on aimera le plus. Chaque grande passion nouvelle pourra donner lieu, selon les cas, à une nouvelle vie en commun. Puisqu'il n'y aura plus aucune dépendance d'ordre matériel entre l'homme et la femme, aucun des deux n'aura à rester près de l'autre par pitié ou par sentiment du devoir. L'amour, du moins dans la classe moyenne et au-dessous, sera la seule raison du mariage, comme la fin de cet amour l'unique cause du divorce. Insuffisance biologique ou vieillesse mises à part, la fin de l'activité amoureuse signifiera toujours la fin de l'amour lui-même.

g)   *Les petites amies seront plus coûteuses : Le* fait qu'on ne devra plus acheter l'amour signifiera également qu'on ne pourra plus l'acheter. Pour l'homme « dans la force de l'âge », cela aura des conséquences désagréables. À moins de gagner énormément d'argent, il ne pourra plus s'offrir le luxe d'une femme ou d'une amie beaucoup plus jeune que lui. Car lorsqu'elles gagneront leur propre vie sans trop d'efforts, elles préféreront naturellement faire l'amour avec des hommes de leur âge. Ce sera la fin de l'idée qu'un homme devient plus attirant pour les femmes à cause de son expérience sexuelle. Ce qui attire les femmes, ce sont ses appointements ou son statut social ; or, en général, c'est juste avant l'âge de la retraite qu'appointements et statuts sont *les plus élevés...*

UNE FÉMINITÉ PLUS FÉMININE

Pendant que les femmes placeront l'homme sur l'orbite d'un nouveau rôle, elles s'enracineront encore davantage dans leur féminité. Car puisqu'elles auront créé un homme d'après leur idéal, elles chercheront à lui plaire : elles ne voudront pas seulement aimer, mais être aimées en retour. Elles deviendront donc de plus en plus telles qu'elles aient près de lui les plus grandes chances : la virilisation de l'homme aura pour conséquence une féminisation de la femme. Grâce à une érotisation des relations humaines telle qu'il n'y en aura jamais eue d'aussi forte, les règles du comportement typique, tant d'un sexe que de l'autre, deviendront bien plus absolues et plus certaines que jamais auparavant. On saura de nouveau exactement ce qu'est un « vrai » homme et une « vraie » femme.

Cela semble d'abord angoissant, car tous les efforts actuels tendent à démolir cette obligation des rôles pour laisser le plus de jeu possible à l'individualité de chacun. Mais cette exigence fait de la réalité : elle oublie qu'une société sans de telles obligations n'est pas viable. Un observateur perspicace constate immédiatement que partout où l'on recherche à développer l'individualité, il se crée aussitôt de nouveaux modèles de comportement ; que partout où l'on présuppose le maximum de tolérance, on ne trouve finalement rien d'autre que de nouveaux stéréotypes. Dans les milieux estudiantins de l'occident, une jeune fille d'aujourd'hui passe pour arriérée si elle ne peut se vanter d'avoir fait au moins l'expérience sporadique du saphisme, et un hétérosexuel orthodoxe, s'il veut faire partie de l'avant-garde artistique, devra dissimuler cet appétit démodé pour les femmes aussi longtemps que la mode ne changera pas. Et si dans la bonne bourgeoisie les femmes se conduisent parfois comme des hommes et les hommes parfois comme des femmes, la raison n'en est pas la dégradation de leur rôle respectif, mais celle des lois qui punissaient les comportements sexuels exceptionnels. Toutefois, ce genre de personne est toujours considéré par les membres du sexe qu'elles copient comme faisant partie des leurs, et ils n'éprouvent pas pour elles le moindre intérêt érotique.

Certes, on peut modifier ces rôles contraignants, on ne peut les supprimer. On peut être viril ou féminin d'une façon ou d'une autre, mais rendre les deux sexes absolument identiques demeure en dehors des possibilités humaines. Une société sans normes de comportement généralement admises n'est pas imaginable parce que sans ces normes il n'y aurait ni conscience de groupe ni conscience individuelle, parce que personne ne pourrait avoir un sentiment de sécurité ni prendre conscience de sa propre personnalité. On doit savoir ce que font les gens pour pouvoir faire soit comme eux soit autrement. C'est indispensable, et non seulement pour des raisons psychologiques : les normes générales de comportement protègent l'espèce, et on se protège soi-même en s'écartant de ces normes. Si l'on n'avait pas conscience d'être différent de la masse sur certains points et d'agir comme elle sur d'autres — sans conscience de soi-même — on n'aurait aucun désir d'assurer sa subsistance. On ne saurait même pas qu'on existe. Ces rôles contraignants ne détruisent donc pas la personnalité, ils la rendent possible. Être une personnalité, ce n'est pas faire exactement ce qu'on veut, mais agir d'une façon particulière, autrement que les autres. C'est surtout à ceux qui ont un grand besoin de se faire valoir — qui ont peu conscience de ce qu'ils sont — que ces contraintes sociales sont indispensables, car c'est seulement en se heurtant aux normes des autres, ou à un excès de ces normes, qu'ils parviennent à se démarquer de la communauté et à devenir quelque chose de particulier : pêcheurs, criminels, révolutionnaires, saints, génies. Mais même ceux qui n'ont pas beaucoup d'ambition sont incapables de vivre sans règles : il n'existe pas d'êtres humains qui se moquent totalement de l'opinion des autres. Constater que son comportement ne provoque ni éloge ni blâme, c'est expérimenter sa propre mort. Aussi la libéralisation momentanée des règles de comportement social se caractérise-t-elle toujours par une élévation du taux des suicides, car s'ôter la vie est souvent la dernière possibilité qu'on ait de susciter un jugement de *la part* d'un entourage par trop tolérant. Le suicide, c'est une tentative de montrer qu'on vit encore, grâce à un acte spectaculaire.

L'individualisme n'est donc pas menacé par les rôles contraignants, mais là où l'on recourt à la violence pour obliger les marginaux à ressembler à la masse. Quiconque se satisfait des normes établies doit simultanément veiller à ne pas laisser persécuter ceux qui pensent et agissent différemment. La fixité des rôles sexuels ne devient immorale que lorsqu'on l'emploie pour accorder des privilèges à son propre sexe. Si l'on prend fait et cause pour une érotisation des rapports de l'homme et de la femme, on doit prendre garde à ce qu'aucun des deux sexes ne puisse être lésé à cause de son comportement typique. On n'a rien à reprocher à un comportement sexuel par lequel on ne cause aucun tort à quelqu'un d'autre. Si les femmes, en jouant la comédie de l'enfant, ne s'assuraient plus aucun avantage matériel, on pourrait les laisser faire l'enfant autant qu'elles le veulent. Si leurs larmes ne mobilisaient l'instinct de protection de l'homme que pour des choses qui ne comporteraient aucune sorte de conséquences pour notre vie quotidienne, on pourrait tranquillement les laisser pleurnicher. (Et d'ailleurs contre quoi, dans notre monde occidental, un homme devrait-il protéger une femme adulte et qui gagne sa vie ? Contre la guerre ? Contre une crise économique ?)

De toute façon, les femmes cesseront vite *de pleurer*. Puisque la pitié paralyse l'instinct sexuel de leur partenaire, elles ne pleureront plus que le temps nécessaire pour qu'on ne les *plaigne* pas trop. À partir du moment où leurs émotions ne donneront plus une impression de féminité, mais d'infantilisme, elles se retiendront. Car contrairement à aujourd'hui, elles ne voudront plus être la petite (fille, mais la femme de leur mari : elles ne chercheront plus un père nourricier, mais un amant. Ce qui les intéressera chez les hommes, c'est principalement l'amour sexuel, et elles réserveront autant que possible ce que nous avons appelé leur amour du prochain ou leur altruisme (cf. *Le Sexe polygame,* chapitre 1), à leurs enfants, aux vieillards, aux malades et aux autres nécessiteux Et de même que plus de féminité entraînera une certaine censure de l'émotivité, il se peut que pour d'autres qualités féminines, l'excès actuel se transforme également en retenue. Le fait qu'après la réforme les femmes deviendront de plus en plus féminines ne veut pas dire, par exemple, qu'elles se déguiseront encore plus — c'est-à-dire s'habilleront de façon plus extravagante —, se farderont avec plus d'excentricité, porteront des parfums encore plus pénétrants et s'orneront de bijoux encore plus qu'aujourd'hui. Au contraire : une accentuation de leur rôle sexuel pourra s'exprimer là aussi par une certaine réserve. Plus de féminité pourra également consister dans un retour à une certaine sorte de naturel.

Du fait qu'on n'a plus besoin de plaire aujourd'hui à son mari après la naissance des enfants — et qu'on ne veut plus le faire quand il n'y a pas eu au préalable d'attirance sexuelle — le rôle féminin a pu « dégénérer » de plus en plus, surtout chez les épouses des hommes dotés d'une bonne situation financière. Les excroissances maladives dues à un accomplissement spécieux de ce rôle disparaîtront avec la réforme. Toutes les mascarades solitaires que les femmes d'aujourd'hui mettent en scène pour les autres femmes, et que leurs compagnons supportent comme autant de cas de force majeure, deviendront superflues dans un monde où elles s'apprêteront pour les hommes et non plus pour leurs amies. On ne se déguisera encore que dans la mesure où, dans une rencontre imprévue, l'homme qu'on aime saura vous reconnaître, et on ne se fardera qu'autant qu'on ne le barbouillera pas. On ne fera pas trop de noir et de rouge quand on l'embrassera, car on tiendra désormais à l'embrasser. Naturellement, on continuera à porter de temps à autre des vêtements d'homme. Mais seulement pour souligner, par la similitude de leur habillement la différence qui existe entre un homme et une femme, et non pour la dissimuler.

Reste le cas absolument contraire, celui de la femme du « raté », qui, comme pour se punir de l'insuccès professionnel de son mari, se laisse aller au cours des années qui passent : rien de cela ne sera possible après la réforme ; la souillon passera de mode comme la figure de carnaval. L'indépendance financière totale de l'homme et de la femme aura aboli leur servage.

EMPLOIS MASCULINS — EMPLOIS FÉMININS

L'une des conséquences les plus intéressantes de cette accentuation de chacun des rôles sexuels sera cependant son effet sur l'activité professionnelle de l'homme et de la femme. Car la concurrence que l'homme surtout craint de trouver chez la femme sera éliminée par une réforme où les deux sexes prendront une part égale à la vie du travail. Les professions leur offriront une possibilité incomparable de poursuivre l'édification de leur comportement typique, qui deviendra ainsi de plus en plus masculin ou de plus en plus féminin, et il serait extraordinaire qu'ils laissent échapper cette occasion.

Le métier influe sur l'homme : tout le monde est d'accord sur ce point. Juristes, politiciens, enseignants, représentants, tailleurs, ont dans le monde entier les mêmes attitudes déterminées par les tâches qu'ils accomplissent et ont un aspect tellement semblable qu'on arrive à juger sur sa mine de la profession d'un étranger. Par exemple, bien qu'il y ait géographiquement et intellectuellement des mondes entre la France et le Brésil, on constatera dans un film français et dans un film brésilien la même façon de caractériser un routier et une institutrice d'école maternelle. Même si la réduction du temps de travail doit entraîner une forte diminution de l'imprégnation professionnelle, il restera pourtant assez de points fixes qui permettront de composer partiellement le portrait de quelqu'un d'après son métier.

D'où une nouvelle accentuation des comportements viril et féminin. Car, comme nous l'avons déjà dit, les caractéristiques sexuelles typiques dépendent largement de notre libre arbitre.

Nous ne naissons pas homme ou femme, nous sommes programmés pour le devenir. En transposant sur le plan sexuel des caractéristiques typiquement professionnelles, on peut nuancer davantage encore ce qui est virilité et féminité. Car si une profession est généralement exercée par des hommes et une autre surtout par des femmes, on peut, en choisissant l'une ou l'autre de ces activités, accroître sa force d'attraction sexuelle. Si presque tous les conducteurs de poids lourd sont des hommes et presque toutes les institutrices d'école maternelle des femmes, un homme qui, en même temps que la profession de routier, en adopte peu à peu les manières, paraîtra encore plus viril, et la femme qui s'occupera de petits enfants à longueur de journée, encore plus féminine. Au contraire, quiconque embrasse un métier qui n'offre pas de caractéristiques sexuelles et qui par conséquent prend peu à peu une attitude « non-virile » ou « non-féminine », perd de son attrait sexuel.

À partir de ces conventions, il est permis d'extrapoler : homophiles et « neutres », et tous ceux et celles qui feront preuve d'un talent spécial pour un métier déterminé, pourront réussir dans des professions qui n'ont rien de spécifiquement sexuel.

Si l'on ressent le besoin de se livrer à une activité spéciale et si l'on veut utiliser une profession « neutre » pour mobiliser l'attention de son propre sexe, on pourra également le faire dans une société où toutes les professions sont ouvertes à tous hommes et femmes. On peut supposer que, dans chaque branche, quelques-unes des situations dominantes seront occupées par des représentants du sexe minoritaire, par des personnes qui éprouveront tant de désir et auront tant de talent pour cette profession que le comportement qui en résulte leur sera indifférent et que le don particulier qu'elles possèdent leur en fera gravir facilement tous les degrés. À vrai dire, elles devront renoncer à une certaine partie de leur rayonnement sexuel. Par exemple, si la défense du pays reste le domaine spécial de l'homme, une femme, en règle générale, ne pourra pas faire carrière *à la fois* comme femme et comme expert en défense nationale. Si la mode passe exclusivement aux mains des femmes, un homme ne pourra jamais réussir *à la fois* comme couturier et comme homme. Cela n'aura rien de tragique : d'après leur propre échelle de valeurs — s'ils ont celle de la majorité, ils prendront une autre décision — l'activité qu'ils exerceront les dédommagera du reste : de toute façon, un homophile ne dépendra pas des applaudissements du sexe qui n'est pas le sien.

Cette répartition en professions masculines et féminines ne sera d'ailleurs pas une nouveauté, mais uniquement un approfondissement de la situation actuelle. Car ceux et celles qui travaillent aujourd'hui ont manifesté déjà quelles sont les professions qui leur semblent masculines et féminines. Certes, il existe dans chaque branche d'activité quelques marginaux : il y a des femmes maçons et pilotes, des hommes « sages-femmes » et gardes d'enfants, mais chacun d'eux, par son exemple, ne prouve qu'une chose : c'est que l'être humain est capable de tout. Après la réforme, on renoncera volontairement à la « conquête » des professions étrangères à son sexe. C'est justement dans la période où l'on choisit sa profession, celle de la puberté, que l'intérêt érotique est le plus puissant. Un être humain se privera encore moins, à ce moment précis, de la valence sexuelle d'une profession quelconque qu'à toute autre époque de sa vie. Que cela soit bon ou mauvais pour lui est une question superflue : chaque fois que la vie nous offrira l'occasion de renforcer les caractéristiques opposées de l'homme et de la femme, la majorité des hommes et des femmes en profitera aussitôt. On ne peut guère compter sur un effort d'information, car dès que ce jeu social gagne un secteur déterminé, il est déjà trop tard pour prendre des contre-mesures : tout être qui veut être aimé — et tous le veulent — participe aussitôt au jeu. Il n'y a pas d'autre choix, sauf si l'on imagine un monde dépourvu d'érotisme, un monde où l'amour serait amitié ou altruisme, et tout ce qui attire l'homme vers la femme et vice-versa, une perversion sexuelle. Il n'y a pas à hésiter longtemps pour savoir auquel de ces deux mondes on donne la préférence, d'autant plus qu'un milieu où le comportement typiquement sexuel est le plus accusé offrira toujours un nombre assez grand d'occasions à l'exercice de la sympathie et de l'altruisme.

Au cas où cet approfondissement des rôles sexuels n'entraînerait pas de toute façon un partage entre les professions, il faudra procéder, dans l'intérêt même de l'égalité des chances, à une séparation des activités masculines et féminines. Pour pouvoir arriver au sommet d'une profession, il faut avoir la possibilité de « geler » provisoirement son comportement sexuel typique : cela veut dire que les femmes, par exemple, doivent devenir agressives (« non-féminines ») et les hommes faire preuve d'une grande souplesse (« non-masculine »). En présence de l'autre sexe, c'est souvent difficile. Au lieu de réagir de façon agressive, ce qui serait indispensable pour son avancement professionnel, la femme qui voudra « rester femme » se montrera souvent passive et douce, de façon déplacée, vis-à-vis de ses collègues masculins. Au lieu d'exécuter comme il le doit l'ordre d'une femme qui est son supérieur, un homme, qui aura l'impression que sa virilité est menacée par cette tutelle féminine, s'opposera sans raison, le cas échéant, à la bonne marche de l'affaire. Les rares marginaux que l'on retrouvera, après la réforme, dans des professions étrangères à leur sexe, ne seront pas à craindre à ce point de vue. Comme il s'agira souvent de personnes neutres au point de vue sexuel, ou alors homophiles, on pourra en leur présence, se débarrasser sans gêne de son attitude sexuelle typique. Les rapports entre supérieurs et inférieurs seront aussi dépourvus d'érotisme intersexuel que dans un sauna purement masculin ou purement féminin Ce n'est pas seulement dans l'intérêt de l'égalité des chances entre les sexes que l'on aura besoin d'une telle répartition des professions, mais aussi en ce qui concerne l'égalité des chances dans le cadre d'un sexe particulier. L'érotisme n'apporte pas que des inconvénients dans une profession, mais aussi des avantages. Toutes ces femmes particulièrement attirantes que l'on ne rencontre guère dans nos entreprises parce que les hommes les en tiennent volontiers à l'écart, prendront part demain elles aussi à la vie professionnelle ; et dans cet univers hétérogène au point de vue sexuel, ces femmes seront naturellement avantagées par leurs supérieurs masculins. Et quand le chef sera une femme, une de celles peut-être que les sentiments passionnés d'un homme auront catapultée dans une situation prédominante, un employé à la virilité frappante bénéficiera à son tour d'un avancement dû également au sentiment. *Et* comme on a besoin, pour le bien de l'entreprise, non pas des plus beaux mais des plus capables, cela serait non seulement injuste, mais aussi une atteinte à la rentabilité.

En d'autres mots, les hommes et les femmes ne voudront pas seulement procéder à ce partage des professions, ils en auront besoin. Et cette séparation conforme aux caractéristiques sexuelles typiques se fera, après la réforme, sans amener de grandes surprises. Du fait que 40% environ des femmes travaillent déjà dans nos pays industriels de l'Ouest (bien qu'une grande partie irrégulièrement et à temps partiel), les fronts sexuels sont très précisément délimités. Les professions qui comportent aujourd'hui une majorité de femmes deviendront, à quelques exceptions près, totalement féminines, et celles qui ont enregistré au cours des dernières années une progression des femmes, passeront elles aussi entre leurs mains.

Ce changement se produira sans qu'on ait besoin d'aucune mesure de force. Comme les hommes redouteront — avec raison — d'être tenus pour « nonvirils » à cause de leur profession, dès qu'une majorité de femmes l'aura envahie, ils l'abandonneront comme les rats se sauvent d'un navire qui sombre. Cette « fuite » ne prendra pourtant pas l'aspect d'une vague subite de congédiements, mais elle se produira simplement par défaut de candidats masculins pour les postes à renouveler.

Pendant que la plupart des hommes établis déjà dans cette branche progresseront peu à peu vers les postes supérieurs à cause de leur ancienneté ou de leurs connaissances — occuper un poste supérieur dans une profession féminine ne sera pas encore considéré comme « non-viril » pendant une période de transition — l'infrastructure sera de plus en plus occupée par les femmes en attendant qu'elles s'emparent, avec le départ des hommes, de toute la profession ou de toute la branche d'activité. Il n'en a pas été autrement dans le passé : toutes les professions féminines actuelles étaient tenues il y a quelque temps par des hommes. Par exemple, il n'y avait pas une femme dans un bureau, pas d'enseignantes dans nos écoles et lycées, tandis qu'aujourd'hui, dans nos pays industriels de l'Ouest, 70 à 80% des employés de bureau et du personnel enseignant sont déjà des femmes. Il faudra bien que ce refoulement des hommes s'arrête un jour, puisque de toute façon les femmes ne pourront jamais occuper plus de la moitié de tous les emplois.

Et ce jour-là, au plus tard, les professions masculines et féminines seront clairement déterminées.

Quelles sont donc les professions ou branches d'activité qui deviendront principalement masculines ou féminines après notre réforme ? On peut déjà le prévoir. Car les femmes, puisqu'elles ont le pouvoir et qu'elles décideront là encore de ce qui sera viril ou féminin, choisiront leurs professions d'après les critères suivants :

a)   *Les travaux les moins fatigants*

Dans les activités sans formation professionnelle, les femmes progresseront encore là où il y aura le moins de dépense physique. Dans les usines aux travaux légers — de préférence à la chaîne —, dans les entreprises de nettoyage des locaux, parmi le personnel de vente, on trouvera presque exclusivement des femmes, tandis que les travaux durs — hauts-fourneaux, fonderies, travaux publics, agriculture, transports, service des ordures et nettoyage des rues — demeureront le domaine des hommes.

b)   *Les métiers peu dangereux*

Les professions dangereuses resteront également l'affaire des hommes : policiers, mineurs, médecins neurologues, membres des équipes de sauvetage et des services de secours.

c)   *Les métiers les moins antipathiques*

Les femmes éviteront les activités qui pourraient donner d'elles une image de trop grande brutalité ou de dureté de cœur : ce sont les hommes qui seront bouchers, chasseurs, éleveurs d'animaux à fourrure, croque-morts, procureurs et bourreaux. Et bien que les femmes reçoivent un entraînement précoce pour tout ce qui est chirurgie, grâce à leurs travaux de couture et d'aiguille, cette profession pour laquelle elles semblent prédestinées demeurera elle aussi réservée presque exclusivement aux hommes.

d)   Les travaux les moins répugnants

Les hommes garderont également les activités que la majorité trouve peu appétissantes ou répugnantes : ils seront médecins de l'état-civil, inspecteurs des brigades criminelles, éboueurs, égoutiers, spécialistes des autopsies, des maladies sexuelles et de celles de la peau, de l'anatomie pathologique et de la médecine légale. Du fait que les femmes y sont irremplaçables, le seul métier de ce genre qu'elles pratiqueront sera celui de gardiennes de toilettes de femmes.

e)   Les professions les plus casanières

Les voyageurs de commerce, les routiers, Je personnel des chemins de fer, de l'aviation et de la navigation, seront principalement des hommes. Dans les transports de personnes, on trouvera surtout des femmes pour les services urbains, et des hommes pour les services interurbains. Là où il y aura du danger pour les chauffeurs de taxis, ce seront des hommes, et partout ailleurs des femmes. Et comme l'auréole des hôtesses de l'air est en train de pâlir dans la mesure où augmente le tourisme des masses, le personnel masculin deviendra bientôt de plus en plus nombreux.

f)   Les professions les moins absorbantes

Tandis que les hommes continueront à s'affirmer dans les activités dont les horaires seront difficilement réglables et qu'on dit indépendantes, il y aura de plus en plus de femmes fonctionnaires et employées de bureaux. Offices, banques, administrations publiques, institutions d'État et privées, pour autant qu'on n'ait pas besoin dans un département de connaissances « typiquement masculines », auront un personnel et une direction composés surtout de femmes. Dans les tribunaux et les hôpitaux, les femmes seront en très grand nombre également dans les postes les plus élevés, tandis que les juristes et les médecins indépendants seront, demain comme aujourd'hui, en majorité des hommes. Dans les partis politiques, toujours pour la même raison, le politicien de carrière sera surtout un homme tandis que le personnel à horaire fixe, sauf là où on aura besoin de connaissances « typiquement masculines », sera surtout féminin. Dans tous les postes où l'on sera rémunéré sur la base de la commission ou du succès obtenu, l'homme prédominera, et partout où l'on pourra compter sur des gains plus modestes, mais réguliers, et sur des horaires de travail fixes, il y aura pléthore de femmes.

g)   *Les métiers les moins solitaires*

Comme les activités où l'on a le plus de contacts humains sont celles qui généralement sont le plus désirées, les femmes, parmi les professions qui exigent une longue formation, se réserveront celles où l'on travaille directement avec d'autres, sans que cette activité soit particulièrement dangereuse, répugnante, antipathique, ou exige trop de temps. L'enseignement, les sciences du langage, le journalisme, la médecine, la pharmacologie, le droit, la psychologie, l'assistance sociale, la théologie, seront autant de domaines féminins, alors que les sciences économiques et techniques, les mathématiques, l'architecture, la biologie, la physique, la chimie, la philosophie, la recherche historique, etc. seront surtout le domaine des hommes.

Dans *l'enseignement*, l'école maternelle et l'école primaire sont déjà presque entièrement entre les mains des femmes, tandis que dans le secondaire, hommes et femmes se partagent Je travail d'après les disciplines. Une partie des matières encore masculines iront aux femmes qui, après une période d'études menant à une profession « sexuellement neutre » — disons les mathématiques — voudront revenir à des valeurs féminines, justement en utilisant leur savoir pour l'enseigner. À la direction des écoles primaires, on trouvera surtout des femmes ; à celle des établissements de niveau plus élevé, les postes seront partagés entre les deux sexes, et dans l'administration scolaire, partout où il s'agira de questions d'éducation générale, le personnel féminin sera prépondérant. Cette domination de la femme dans l'enseignement se prolongera dans les ministères correspondants. Puisque les enfants auront quotidiennement l'occasion de fréquenter des hommes — ils seront élevés chez eux par leur mère et par leur père — ce monopole féminin de l'enseignement ne présentera plus autant de danger. Aujourd'hui, l'enfant est élevé chez lui par sa mère et à l'école par sa « maîtresse », puis il continue à avoir des femmes comme professeurs : pour qu'un jeune arrive à bien connaître un homme, il n'est pas rare qu'il lui faille attendre d'entrer dans la vie professionnelle.

Dans toutes les sciences du langage, les femmes domineront également là où ces sciences mènent à des contacts humains : elles seront interprètes ou professeurs de langues ; mais elles laisseront aux hommes les secteurs où l'exercice du langage est lié à la solitude : traducteurs libres, linguistes, etc.

Dans le *journalisme*, on rencontrera de plus en plus de femmes, surtout dans les services de rédaction, sauf dans les domaines de compétence où l'on exigera des connaissances « typiquement masculines ». En revanche, le journaliste indépendant, le correspondant spécial, le reporter spécialisé dans les guerres et les catastrophes, resteront généralement des hommes, car leur rémunération dépend du succès qu'ils obtiennent, leurs horaires sont irréguliers et leur activité comporte parfois de grands dangers. Là où les postes politiques seront occupés par des hommes, les comptes rendus seront rédigés principalement par des journalistes masculins, et la situation sera inversée dans les domaines politiques du ressort des femmes. Le consommateur du produit, celui auquel il est finalement destiné — lecteur, auditeur de la radio, téléspectateur — n'acceptera pas en règle générale un journaliste étranger à son sexe. Il en sera de même pour les reportages de sports.

En médecine, en plus des domaines spécialisés dont nous avons déjà parlé — dangereux, déplaisants ou trop absorbants — il n'y aura guère, pour demeurer entre les mains des hommes, que la recherche, la radiothérapie, et les diagnostics techniques les plus compliqués. Le sort des gynécologues devra faire l'objet d'une profonde étude psychologique : le fait que, dans nos pays occidentaux, la proportion des femmes gynécologues soit inférieure à celle qu'on constate dans les autres branches de la médecine semble indiquer qu'il existe chez les femmes médecins un barrage psychique qui s'oppose à ce qu'elles soignent leur propre sexe. Comme l'image du dentiste devient de plus

172

en plus favorable grâce aux méthodes de traitement d'où la douleur a été en grande partie éliminée, cette profession comptera une proportion de femmes toujours plus élevée.

La *pharmacologie* — pour autant qu'elle se limitera à la vente des médicaments, sera naturellement un domaine où prédomineront les femmes.

La *justice,* celle des tribunaux et des horaires fixes, sera considérée comme un métier féminin. On s'y occupe des délits sous leur aspect le plus intéressant (au sens le plus large du mot), tandis que le côté dangereux est le domaine des policiers, qui sont des hommes. De même, le rôle que la population estime être celui du « méchant » dans les débats judiciaires — le ministère public, l'accusation — sera surtout confié aux hommes tandis que celui de la défense — du « gentil » — reviendra généralement à la femme. Cependant, aussi bien dans le droit civil que dans le droit pénal, tout ce qui présupposera des connaissances « typiquement masculines » (par exemple les délits économiques) sera l'affaire de l'homme.

La *psychothérapie,* comme le prouve déjà aujourd'hui le nombre, qui croît rapidement, des étudiantes en psychologie, sera la profession féminine par excellence. Les névrosés sont rarement dangereux et distrayants comme personne. Les hommes y auront toutefois une chance pour mettre au point de nouvelles méthodes de traitement.

L'assistance sociale est une nouvelle discipline qui touche divers domaines où, en dehors de la possibilité de se définir soi-même comme une « bonne personne », on profite d'un maximum de contacts humains intéressants : évidemment, l'assistance sociale sera surtout du ressort de la femme.

En *théologie* — qui est finalement une combinaison confessionnelle *de* psychothérapie *et* d'assistance sociale — il se produira après la réforme, un véritable glissement de terrain. Du fait que la femme subviendra désormais à ses besoins, elle n'aura plus besoin d'abuser de l'autorité du prêtre pour intimider l'homme (Cf. *L'Homme subjugué,* chap. « Du dressage par le bluff »), la plupart des fonctions du clergé, là seulement où les fondements de la foi religieuse le permettront, seront remplies par des femmes. Comme il s'agit d'activités relativement faciles et qui comportent de grandes possibilités de contacts humains, la conquête des fonctions de pasteur de paroisse intéressera extrêmement les femmes.

f)   *Les carrières peu « viriles »*

De nos jours, les savants sont d'accord pour admettre que la compréhension technique et l'agressivité sont beaucoup plus développées chez les hommes que chez les femmes, lesquelles leur sont supérieures dans toutes les disciplines qui gravitent autour de la facilité de parole, donc dans la communication au sens le plus étendu du mot. Les femmes bénéficieront donc, dans le choix d'une profession, d'un avantage fondé non seulement sur un privilège, mais aussi sur la nature. Ce critère recoupe tous ceux que nous avons mentionnés plus haut : les femmes n'éviteront pas seulement par opportunisme les métiers les plus fatigants, les plus dangereux, les plus répugnants, les plus irréguliers, les plus absorbants et les plus solitaires, mais aussi parce qu'elles manqueront de l'aptitude nécessaire (faute d'une éducation appropriée), ou parce que leur force physique sera en fait insuffisante, pour exercer tel ou tel métier. À l'inverse, pour ces mêmes raisons, les hommes préféreront ces professions.

D'après ce principe, les *professions féminines* seront donc : les soins des enfants (éducation et enseignement), les soins des malades (santé publique), la fabrication des aliments (pour la consommation directe, industrie alimentaire), les contacts divers (hôtellerie et restaurants, tourisme, relations publiques, commerce), les professions du langage (journalisme, édition, traduction), les soins ménagers (nettoyage des locaux), la décoration (architecture d'intérieurs), la mode (ateliers de coupe, industrie du vêtement et accessoires), les soins de beauté (industrie des cosmétiques, instituts d'entretien corporel). Dans toutes ces branches d'activité, les femmes domineront largement, et elles devront s'y *faire représenter* seulement dans quelques départements *sexuellement* « neutres » par des femmes qui auront reçu une formation « neutre », ou par des hommes. Dans le commerce, on ne rencontrera des hommes que là où l'achat ou la vente d'un article demande des connaissances spécifiquement masculines ou exige des déplacements prolongés.

Les *professions masculines* seront au contraire l'agriculture, la production des matières premières, la majorité des travaux manuels et leur *développement industriel :* métallurgie, travail des métaux et du bois, industrie du bâtiment, ateliers de mécanique, industrie électrique, etc. Dans toutes ces entreprises, seul le personnel de bureau sera féminin et les ouvrières s'occuperont des travaux légers.

175

La question de savoir s'il existe des talents innés est pour l'instant aussi controversée que celle des qualités masculines et féminines congénitales : bien des choses plaident en leur faveur et bien d'autres contre. Le fait est que ce qui se manifeste plus tard comme le talent particulier d'un homme ou d'une femme se révèle être, si l'on étudie la question, le résultat d'un encouragement préalable. Ce ne sont pas tant les conseils spécifiques qui comptent que des approbations généreuses et précoces. La mère d'un violoniste virtuose ou d'un grand comique n'a pas d'abord besoin d'être musicienne ou spirituelle ; ce qui importe, c'est qu'elle répète à son enfant, dès qu'il est petit, qu'il est lui-même très musicien ou qu'elle rit beaucoup de ses plaisanteries. De même, les talents professionnels « typiquement masculins » et « typiquement féminins » sont, selon toute vraisemblance, le résultat d'incitations conscientes ou inconscientes qui ont favorisé des tendances présentes dans les deux sexes, même si elles le sont peut-être plus dans l'un que dans l'autre.

En admettant que ce soit le cas, il n'est absolument pas dramatique de favoriser des talents opposés chez les hommes et chez les femmes et qu'ensuite les deux sexes tendent chacun vers des professions différentes. La qualité spéciale qui n'est pas employée — la « non-masculine » ou la « non-féminine » — ne souffre généralement pas de son refoulement au profit de celle dont on a fait usage. Du fait qu'elle n'a pas été développée, elle n'existe plus du tout. Pour le bien de la communauté, il est toutefois plus logique qu'on se dirige dès le plus jeune âge vers cette polarisation des talents. Du fait qu'on accumule d'autant plus d'expérience qu'on y met plus de temps, le rendement sera plus tard d'autant plus grand qu'on se sera spécialisé plus tôt dans les tâches caractéristiques de son sexe. C'est-à-dire qu'il est préférable pour tous que la société dispose de spécialistes qui ont reçu une formation fondamentalement masculine ou féminine que de travailleurs non spécialisés dont la formation dans les deux sens a été superficielle. Et au cas où les défenseurs de la thèse biologique auraient raison et où les hommes et les femmes, du fait de leur nature, seraient énormément différents, un encouragement précoce des talents typiquement masculins et féminins serait de toute façon la meilleure chose qu'il puisse y avoir.

Naturellement, on pourrait adopter une autre méthode. On pourrait aller de maison en maison, le registre des naissances à la main, et décider, puisqu'on aura besoin dans tant d'années de tant d'êtres humains spécialisés dans la technique et de tant d'autres dans les contacts humains, que tel enfant sera élevé « virilement » et tel autre « fémininement ». Mais la méthode naturelle, l'éducation spécifique par sexe, est manifestement plus rationnelle. Certes, elle n'est pas tout à fait équitable, mais elle l'est davantage que l'autre. En outre, elle conjure également le malheur des individus : au fait qu'en dépit de tout rationalisme, nous préférons toujours, au point de vue sexuel, un partenaire attirant à un autre, quelqu'un que des parents progressistes ont élevé pour qu'il ait, au sein de notre société, un comportement qui n'est pas caractéristique de son sexe, demeure souvent condamné à la solitude. Et pour la plupart des gens, c'est là une chose qui se supporte plus difficilement qu'un talent en friche.

Une formation professionnelle fondée sur les caractéristiques sexuelles ne peut être vraiment injuste que lorsque les deux sexes ne prennent pas une part égale à la vie du travail. Aujourd'hui, dans la plupart des familles l'homme travaille et la femme ne travaille pas : cela signifie qu'il faut obliger indirectement une partie des hommes à mener à bien des tâches pour lesquelles ils n'ont pas été formés et qu'ils considèrent en plus comme « non-viriles » et humiliantes. C'est le cas de ceux chez lesquels dès l'enfance on a cultivé une agressivité et des talents considérés comme « typiquement masculins », et qu'on a détournés de leur objectif en en faisant des garçons de café, des cuisiniers, des coiffeurs et des tailleurs pour dames ou des représentants en parfumerie, sans que jamais personne n'ait jamais réfléchi à la question. Ce n'est que lorsqu'on imagine ce qui se passerait si l'on obligeait la masse des femmes au foyer à travailler à la construction des routes ou si toutes les infirmières des pouponnières se retrouvaient employées dans des abattoirs, qu'on peut se faire une idée approximative de ce que cela signifie pour ces hommes. Ils n'arrivent tant bien que mal à supporter de vivre que parce que les femmes, en plus d'une polarisation des professions qui est logique, en ont établi une purement artificielle en déclarant qu'être viril, c'est entretenir les autres, et qu'être féminin, c'est se faire entretenir.

Une formation professionnelle fondée sur le sexe ne serait dangereuse au point de vue social, comme beaucoup le pensent, que si un type de professions était plus nécessaire que l'autre.

Le sexe dont l'activité serait d'une importance vitale pourrait théoriquement exercer un chantage au moyen de grèves à objectif bien défini. Mais dans la vie, les talents masculins et féminins ont une valeur absolument équivalente : tous les métiers quels qu'ils soient sont indispensables. À activité égale des sexes, une différenciation massive des professions masculines et féminines ne sera jamais menaçante. À une grève de métallurgistes — masculins — pourrait répondre une grève du service de l'hygiène — essentiellement féminine. Et si jamais la police, où les hommes auront la prépondérance, protégeait par trop le sexe masculin, la justice, qui sera aux mains des femmes, pourrait ramener les policiers à la raison.

Ce n'est naturellement pas un hasard si la somme des professions masculines et féminines correspond exactement aux activités dont la société d'aujourd'hui a besoin pour survivre. Celui qui croit qu'une éducation fondée sur le sexe est un simple raffinement érotique ne voit que la pointe de l'iceberg. An fond, si nous élevons les deux sexes de façon différente, c'est parce que c'est la méthode la plus simple pour former les spécialistes nécessaires au maintien du groupe. Que le sexe éducateur ait choisi la meilleure part est une autre affaire. Et qu'il puisse ensuite, grâce à son pouvoir, se décharger de ses devoirs sur le dos de l'autre, n'a rien à voir dans ce cas précis.

Si l'on considère les choses sous cet aspect particulier, ce n'est pas non plus par hasard que les rôles des deux sexes se transforment avec le temps. Car dans la mesure où le monde extérieur se métamorphose, les exigences que nous avons en ce qui concerne le comportement et l'apparence physique de chaque sexe changent elles aussi. Une particularité quelconque n'a d'effet érotique qu'aussi longtemps qu'elle sert au maintien de l'espèce. Par exemple, c'est grâce à l'existence des machines que nous pouvons aujourd'hui trouver beaux des hommes d'une robustesse moindre au point de vue physique, et l'invention du lait maternel artificiel a permis aux hommes d'épouser avec enthousiasme des femmes aux seins presque inexistants. Nous nous sommes rendu compte instinctivement que nous n'avons plus besoin, pour la conservation de notre espèce, de muscles saillants et d'organes plantureux pour la production du lait, ce qui nous a permis de réduire nos exigences dans ce domaine. D'autre part, dans un monde hautement technique comme le nôtre, il nous faut aujourd'hui, si nous voulons survivre, une grande faculté d'abstraction et, pour compenser l'aliénation et l'isolement qui résultent de l'essor de la technique et d'un confort toujours croissant, une capacité maximale d'établir des contacts interhumains. Les hommes qui raisonnent « froidement » et les femmes sentimentales et chaleureuses se trouvent donc réciproquement très attrayants.

Comme nous l'avons déjà dit, on peut naturellement imaginer que cette polarisation joue en sens contraire, mais nous ne nous tirerons pas d'affaire sans elle. Du fait qu'il est manifestement difficile de réunir dans un seul et même être la pensée abstraite et l'application concrète, la compréhension technique et la possibilité de s'exprimer, la maîtrise de soi et l'émotivité, nous nous verrons obligés, en tant qu'éducateurs, de programmer de plus en plus un sexe dans le sens du progrès technologique et l'autre en vue du maintien de l'harmonie psychique.

La spécialisation croissante que l'on constate dans la vie professionnelle rendra nécessaire une différenciation de plus en plus accentuée des sexes. Comme il n'y en a que deux, il ne peut s'agir que d'une polarisation : les hommes doivent pouvoir faire tout ce dont les femmes sont incapables, et vice-versa.

En cas de défaillance technique ou humaine, on aura recours, suivant le cas, au spécialiste du sexe qui aura été élevé pour remédier à ce genre de panne.

POLITIQUE, SERVICE MILITAIRE, SYNDICATS OUVRIERS

La politique est un métier qui pourrait être tout simplement dominé par les femmes. Les connaissances techniques indispensables sont limitées, les décisions à prendre sont plus ou moins commandées par les événements, et comme on le constate par les Mémoires des hommes d'état, la plupart des manœuvres diplomatiques sont moins le produit de l'imagination que ne le supposent les profanes. Et les qualités qu'il faut surtout déployer pour réussir en politique — don de la parole, art de la formule, capacité d'établir des contacts — se manifestent certainement davantage chez les femmes que chez les hommes, soit à cause de leurs dispositions innées, soit à la suite de l'éducation différente reçue par chacun des sexes.

Toutefois, bien que les femmes soient en fait prédestinées à faire carrière en politique, les postes les plus importants, après la réforme, demeureront comme aujourd'hui entre les mains des hommes. Car pour avoir vraiment du succès dans ce métier il faut accepter aussi bien la semaine de sept jours que la journée de quinze heures. Et comme ce n'est déjà pas le cas des femmes d'aujourd'hui, ce le sera encore moins quand tout le monde ne travaillera plus que cinq heures par jour. De plus, une sommité politique doit renoncer à avoir des enfants. Quiconque passe outre, se trouve abaissé, réduit au rôle de payeur de pension alimentaire, car la plupart du temps il ne voit plus ses enfants de la semaine, et dans le meilleur des cas il passe avec eux quelques heures pendant le week-end et toujours en présence de tiers. Les femmes sont rarement prêtes à faire un tel sacrifice, soit par disposition naturelle, soit par conscience de leur rôle de femme, soit par égoïsme.

On peut donc prévoir qu'après la réforme, on ne changera rien aux habitudes : on continuera à catapulter des dames d'âge mûr et de bonne volonté dans des postes de représentation et dans les ministères traditionnellement réservés aux femmes, pour laisser tout le reste aux hommes. Peut-être verra-t-on surgir plus fréquemment qu'aujourd'hui des Margaret Thatcher ou des Golda Meir qui ébranleront cette belle inégalité, mais finalement cela n'affectera pas beaucoup la prépondérance masculine. Comme nous l'avons déjà dit, ce ne sera vraiment pas la peine de s'énerver à ce sujet. Les politiciens d'aujourd'hui orientent largement leur activité sur les résultats des sondages d'opinion en essayant de faire exactement ce que les électeurs considèrent comme correct : la prépondérance masculine ne pourra donc jamais constituer une menace pour les femmes. Partout où se forme l'opinion qui commande les actes des politiciens — à l'école, dans les maisons de retraite, dans les cercles d'amis, dans les ateliers et les bureaux, les femmes seront au moins aussi nombreuses que les hommes, et elles domineront même, sans contredit, en matière d'enseignement. Cependant, perdront peu à peu la majorité absolue dans les élections à l'avenir : quand les femmes assumeront une charge aussi lourde que les hommes, elles ne vivront pas plus longtemps qu'eux (en moyenne neuf ans aux États-Unis et dix ans et demi dans les pays du Marché commun). Après la réforme, il suffira de quelques décennies pour rétablir à peu près l'équilibre.

En ce qui concerne le service militaire, le rôle que pourra jouer la femme, après la réforme, ne sera pas insignifiant. Il est hors de doute que les hommes étaient jadis plus aptes que leurs compagnes à défendre leur tribu ou leur pays : ils sont physiquement plus forts, plus agressifs et ne portent pas d'enfants. De plus, avant que les femmes votent, ils étaient nominalement responsables de tous les conflits. Entre-temps, cette situation a changé de fond en comble : dans la guerre actuelle, les résultats ne dépendent plus de la force ni de l'agressivité, mais de la résistance physique et psychique. Et même si les femmes n'ont pas une capacité de résistance supérieure à celle de l'homme (si elles vivent plus longtemps et se suicident moins, cela n'est dû qu'au fait qu'elles mènent une vie bien plus exempte de soucis), il n'y a pas lieu de croire qu'elles soient moins résistantes que lui. D'autre part, on a résolu le problème des grossesses non désirées. Il n'existe donc aucune raison évidente pour que l'on épargne aux femmes le service militaire et les horreurs de la guerre. Car du fait qu'elles ont le droit de vote, elles sont, au même titre que les hommes, responsables de toute politique qui conduirait à un conflit armé.

Mais la raison décisive pour laquelle il faut établir l'égalité des devoirs en ce qui concerne la défense nationale, est que cette obligation contribuera à mobiliser l'intérêt des femmes pour la politique et à diminuer les risques de guerre. Car il est très différent de devoir payer de sa propre vie une décision politique erronée et d'expédier quelqu'un d'autre à une mort éventuelle. Lorsque les électrices elles aussi devront considérer que la politique agressive de leur gouvernement peut leur coûter la vie, l'effet de cette prise de conscience sera heureux dans la mesure où, lors des élections, le parti qui présentera le programme le plus pacifique aura le plus de chances de l'emporter. Non pas que les femmes soient plus pacifistes que les hommes, mais parce qu'il y aura dans chaque pays deux fois plus de gens qui auront peur de perdre la vie.

S'il y a déjà aujourd'hui assez de raisons pour établir l'égalité des devoirs en ce qui concerne le service militaire, ce problème se posera davantage encore après la réforme. Car le sexe qui doit l'assurer prend un retard de plusieurs années au point de vue formation professionnelle. Les champions du féminisme intégral prétendent que ce désavantage est compensé par les grossesses de la femme, mais cette comparaison ne supporte pas l'examen. En ce qui concerne la perte de temps, les parents d'un enfant, une fois la réforme faite, pourront choisir dès sa naissance quel est celui qui, pendant un an, interrompra son activité professionnelle tout en recevant la totalité de son salaire. Jusqu'à présent, la situation est telle qu'une femme, par sa grossesse, peut se procurer une liberté qui se prolongera toute sa vie, tandis que son mari, par la naissance de ses enfants, est définitivement asservi : non seulement il doit aussi accomplir son service militaire, mais de plus il se trouve jusqu'à l'âge de la retraite enrôlé dans le « service du travail ».

En outre, si cette comparaison des féministes répondait à la réalité, il faudrait obliger toutes les femmes à avoir des enfants, tout comme on force un soldat à combattre. C'est-à-dire que nous devrions punir la femme qui refuse la maternité à l'égal d'un déserteur. On voit immédiatement à quel point il est absurde de vouloir mettre sur le même plan une fonction biologique et une responsabilité sociale. Et de plus, puisque les hommes ont aussi des fonctions biologiques, par exemple celle de donneurs de sperme, il faudrait également les rétribuer. Aux États-Unis, quatre-vingt-dix pour cent des garçons subissent l'ablation du prépuce. Ne faudrait-il pas, à cause de cette intervention suivie de plusieurs jours de souffrance, les dédommager en les exemptant d'une partie de leur scolarité ? Ou obliger les écolières à porter le sac des garçons en manière de compensation ?

Même si l'on démontrait le bien-fondé de cette assimilation du service militaire à la grossesse, ce qui est essentiel dans la conscription obligatoire ne serait pas encore compensé. Car il ne s'agit pas seulement d'apprendre à tirer et à se mettre au garde-à-vous, il s'agit de tuer et de mourir. Ce problème ne paraît théorique que dans les États qui n'ont pas subi de conflit depuis longtemps ou jamais, et encore peuvent-ils être un jour ou l'autre entraînés dans une guerre civile ou dans une intervention des Nations unies. Dans la plupart des pays, le souvenir des guerres qui ont eu lieu est resté vivant. Le Vietnam, la Corée, l'Indochine, l'Algérie, ne sont pas loin de nous. On n'a pas encore oublié leurs morts, et on y rencontre partout des blessés. En Allemagne, il est difficile de trouver un homme de plus de quarante-cinq ans qui ne souffre pas d'un handicap physique des suites de la dernière guerre mondiale. On y trouve également le prix littéraire le plus extraordinaire du monde : celui de la pièce radiophonique des aveugles de guerre. Ces aveugles, ces hommes, n'y voient plus depuis déjà trente ans. Mais personne ne veut entendre le récit de leur blessure, et comme ils se sont battus du mauvais côté, aujourd'hui ils ne sont même pas des héros. Cependant les femmes qui, disposant de la majorité des voix, ont fait basculer l'Allemagne de ce « mauvais côté », sont demeurées indemnes.

Mais dans une discussion sur la réforme, on devrait oublier complètement cette sorte d'arguments. Les femmes éprouvent une telle répugnance à avouer leur responsabilité que tout le plan pourrait échouer sur ce seul point. Ce dont il s'agit, c'est de réaliser ce qui est possible. On ne peut attendre des femmes qu'elles acceptent volontairement l'égalité des devoirs en matière de service militaire, et la leur imposer contre leur gré est également impossible. Et il est exclus que les hommes s'insurgent : la plupart d'entre eux ne pourraient que difficilement supporter le spectacle de femmes armées de pied en cap. Mais cet état d'esprit serait justement profitable à la paix : s'il y avait des « soldâtes », les hommes veilleraient encore plus à utiliser leur bulletin de vote de sorte qu'elles n'aient jamais à tirer un coup de feu.

À une armée de métier que beaucoup croient être le seul moyen de sortir de ce dilemme, on peut opposer les mêmes arguments qu'en faveur de la conscription féminine. Si au moment des élections la guerre ne menace qu'une partie de la population, le risque d'un conflit armé sera encore plus grand. C'est surtout pour des pays comme les États-Unis, où les guerres se sont jusqu'ici déroulées hors de leur territoire, que le remplacement d'une armée nationale par une armée de métier pourrait constituer une solution erronée. L'électeur laisserait à une troupe de mercenaires bien payés le soin de supporter les conséquences de ses décisions politiques et suivrait leurs activités sur son écran de télévision dans la plus grande sécurité personnelle. Dans ce cas, non seulement le risque de guerre serait plus grand, mais les limites de notre conception d'une société où les services doivent être équitablement partagés, seraient dépassées : car même si ces soldats de métier s'engageaient librement, aucun peuple n'a le droit d'acheter, avec l'argent des contribuables, la vie et la santé d'une minorité de citoyens pris parmi les plus pauvres.

En d'autres termes : en dépit de la réforme, l'uniforme militaire restera la livrée d'un laquais, le laquais de Sa Majesté la Femme. Les recrues au crâne ras auront, à l'avenir comme maintenant, la valeur de remplacement d'un bétail : à tout moment, on pourra les envoyer à sa place droit à la mort. Toutes les améliorations se restreindront à humaniser le service militaire lui-même, c'est-à-dire à diminuer le temps de formation et à reconnaître l'objection de conscience. Puisqu'il n'existe pas de pays pour les individus qui refusent de porter des armes — il serait depuis longtemps conquis — il faut accorder à chacun le droit d'agir selon sa propre morale dans le pays où il vit.

Le seul terrain, après la réforme, où l'égalité réelle des devoirs devra être obligatoire entre l'homme et la femme, sera celui du *syndicalisme*. Les femmes pourront être négligentes partout ailleurs, mais pas là. Si elles veulent que leurs services ne soient pas plus mal rétribués que ceux des hommes, elles doivent, en nombre égal, prendre une part active à la vie syndicale et aux négociations salariales.

Le passé a prouvé à quel point cette négligence féminine peut être ici dangereuse. Proportionnellement, le nombre des travailleuses qui s'inscrivent dans un syndicat est quatre fois inférieur à celui des hommes ; elles n'y font preuve pour ainsi dire d'aucune activité, ce qui a permis l'instauration de ce qu'on appelle « le salaire féminin », de si mauvaise réputation, qui sévit dans certaines professions. Les travaux exécutés surtout par des femmes sont trop mal payés en comparaison des autres où la main-d'œuvre est en majorité masculine. Dans ce cas, les femmes se sont reposées une fois de trop sur leurs chevaliers servants : au lieu de combattre pour elles, les hommes ont d'abord

187

pensé à augmenter leurs propres salaires. Les suites logiques de cette *légèreté* féminine sont ces travaux défavorisés que les féministes veulent nous présenter comme le résultat d'une tactique d'oppression délibérée de la part des hommes.

Pour faire cesser cette injustice, nul besoin pourtant de monter sur les barricades, il faudra entrer dans les syndicats, même si les distractions y sont rares et s'il ne s'y passe rien de sensationnel. Puisqu'après notre réforme les domaines d'activité des hommes et des femmes seront encore plus distinguées.

ON NE PEUT RÉPARTIR LE TRAVAIL MÉNAGER

Après la réforme, les deux *époux* travailleront au dehors seulement cinq heures par jour ; ils auront donc tous les deux le temps de s'occuper du ménage et des enfants. La répartition des tâches à l'intérieur d'une famille sera l'objet d'un accord strictement privé qu'aucune mesure d'ordre juridique ne pourra influencer. Ces obligations seront moins pénibles car le ménage sera encore plus automatisé et puisque la femme subviendra à ses besoins, il n'y aura plus de chantage où les enfants jouent le rôle d'otages, et on peut dire que seuls viendront au monde ceux que désirera également le père.

La répartition des obligations à l'intérieur d'un foyer ne s'écartera pas beaucoup du schéma général d'aujourd'hui. La plupart des tâches plutôt féminines — cuisiner, laver, nettoyer — seront du domaine de la femme, et celles plutôt masculines — conduire, bricoler, jardiner — demeureront réservées à l'homme. Non pas parce qu'un sexe y forcera l'autre, mais parce que les deux voudront qu'il en soit ainsi. Si les femmes d'aujourd'hui considèrent déjà l'homme qui s'occupe trop de son intérieur comme n'étant pas un homme « véritable », la différence sera encore plus accusée quand le couple aura le seul érotisme pour base. Après la réforme, le travail ménager sera encore moins divisible que de nos jours, parce que cette décision sera encore moins du goût de chacun. Toutes les activités qu'on dit familiales seront du domaine de la femme, et tout ce qu'on appelle bricolage, hobby et marotte — et qui pourtant a lieu également dans l'intérêt de la famille — demeurera celui de l'homme.

Aussi peut-on craindre qu'en dépit de la réforme, les femmes continuent à se plaindre de leur rôle. Alors qu'elles ne voudront sous aucun prétexte en changer avec leur compagnon, elles continueront, à cause des tâches ménagères, à essayer de provoquer en lui un sentiment de culpabilité. La femme habituée à terroriser sa famille par son attitude d'innocente victime, ou qui aura encore appris de sa mère comment utiliser cette technique, ne voudra pas renoncer sans plus à ce moyen de puissance. Il est donc indispensable de définir clairement quel sera à l'intérieur d'une famille le domaine du travail féminin — du travail ménager — et de déterminer exactement le temps que la femme y passera.

Ce n'est pas la peine pour cela de procéder à de vastes enquêtes sociologiques car elles sont coûteuses, demandent beaucoup de temps et ne rapportent dans ce domaine que de fausses informations. Toutes les statistiques devenues populaires sur les activités de la femme au foyer partent du même principe : on demande à quelques centaines ou milliers de femmes de différentes couches sociales de déterminer elles-mêmes les activités qu'elles baptisent du nom de travail et combien de temps elles y passent. Sur cette base, on évalue ensuite la tâche de la femme au foyer. Les résultats sont d'autant déprimants : les enquêteurs arrivent à soixante, quatre-vingts, et même cent heures de travail « gratuit » par semaine. Du fait que ce sont surtout les associations de « ménagères » et les publications féminines à grand tirage qui financent ces enquêtes dispendieuses, ces informations horrifiques n'épargnent personne : elles sont fabriquées de toutes pièces pour choquer le grand public.

Bien que les personnes chargées d'interpréter ces enquêtes soient des universitaires qui, en règle générale, s'en tiennent strictement aux statistiques, il est évident que les résultats obtenus n'ont rien de scientifique. Vues dans leur ensemble, les femmes au foyer constituent un groupe d'intérêts ; même si on les interroge isolément et qu'elles répondent sans accord préalable, elles surestiment naturellement tout ce qu'elles font. Si l'on transposait cette méthode à l'industrie et si on laissait à des groupements équivalents — salariés non congédiables, s'il y en avait — le soin de déterminer leur tâche par unité de temps, il faudrait multiplier par dix le nombre des lieux de travail.

Dans le travail ménager, la chose est encore plus compliquée du fait que la transition de l'obligation au plaisir est si fluide qu'une distinction n'est guère possible si l'on aime la vérité. L'horaire de la femme qui ne s'occupe que de son foyer ne se laisse pas plus déterminer au moyen d'une enquête que celui du sportif professionnel et de l'artiste car ils ont tous en commun d'avoir pris pour profession ce qu'ils aiment faire. Les occupations préférées de la femme pendant son temps libre — d'après les enquêtes il s'agit de couture, de travaux d'aiguille, de décoration du logis — peuvent être aussi bien considérées comme un plaisir que comme du travail. Et il en est de même pour nombre d'autres activités. Cuisiner, préparer un rôti, faire de la pâtisserie, ne sont une calamité que pour un certain nombre de personnes. D'autres, parmi lesquelles beaucoup d'hommes, ne peuvent rien se représenter de plus agréable que de confectionner comme par magie un repas exquis et y consacrent des heures de « travail ». Contrairement à ce qui se passe dans l'industrie, on est à la fois producteur et consommateur de son produit et, contrairement aussi aux activités professionnelles où l'on doit parfois attendre des années pour obtenir un éloge de son supérieur, on peut ici, si le résultat est acceptable, transformer chaque journée en un « événement » et en un « succès ».

De plus, ces reportages ménagers n'établissent aucune distinction claire entre « travail » et « présence », et en effet ce n'est pas simple du tout. Il y a des femmes qui comptent comme travail le temps pendant lequel elles jouent avec leur bébé, alors qu'elles l'ont eu exprès dans ce but, sauf quand elles se sont laissé féconder par négligence.

Finalement, disent-elles non sans logique, on paye bien une gouvernante pour cela. Même la surveillance des devoirs de l'enfant fait partie de leur travail, alors que leur participation, ne serait-ce que pour des raisons pédagogiques, doit se limiter à un contrôle intermittent, et bien que la majorité des femmes reconnaisse qu'elles sont absolument incapables d'apporter une aide quelconque quand il s'agit par exemple de mathématiques.

Et personne ne s'étonne que ces mères studieuses, après avoir parcouru tant de fois un programme d'études, n'aient pas appris au moins une langue étrangère.

191

Et la femme qui, pour son propre plaisir — car les hommes ne s'intéressent qu'exceptionnellement à ce genre de choses — soigne des plantes d'intérieur, place partout des bibelots et fait briller ses meubles, considère naturellement comme du travail pour lequel elle est à plaindre le temps qu'elle passe à arroser, à épousseter et à encaustiquer. Certes, c'est un peu comme si l'on exigeait du public qu'il plaigne les skieurs parce qu'ils doivent remonter les pentes, mais là encore pourtant les enquêteurs sont généreux et pour eux il s'agit bien d'une « tâche ».

Le temps n'est pas éloigné où les femmes et leurs sociologues de cour nous présenteront les commérages avec la voisine comme une activité faisant partie des « relations publiques » et méritant salaire, et où les mass-média réclameront pour elles une indemnité spéciale quand elles font l'amour avec leur mari. Car enfin il y a d'autres femmes qui se font payer pour cela, n'est-ce pas ? Pourquoi alors la femme au foyer devrait-elle une fois de plus travailler pour rien ?

Si l'on veut vraiment savoir combien de temps travaille une ménagère, ce n'est en tout cas pas aux ménagères qu'il faut le demander. Il faut procéder à l'inverse. On ne doit pas prendre pour modèle les tâches non contrôlées d'un grand nombre de femmes, mais le temps contrôlé mis par un petit nombre d'individus, ce qui permettra en plus de vérifier le temps de travail des autres. Les femmes qui dépasseront ce temps sauront alors clairement que leur activité comporte un certain pourcentage de plaisirs qu'elles dissimulent, ou elles pourront rattraper ce dépassement avec un peu d'autodiscipline.

Une telle attitude ne sera pas seulement plus scientifique, mais plus loyale que ce qu'extrait aujourd'hui la science, avec les meilleures intentions du monde, des résultats des enquêtes.

Beaucoup de femmes au foyer sont passées maîtres dans l'art de vivre : en plus d'un temps de travail réduit où elles n'obéissent de toute façon qu'à elles-mêmes, elles font plus ou moins ce qu'elles veulent. Mais même la femme la plus heureuse de la vie qu'elle mène oublie ses joies quotidiennes quand elle s'entend répéter sans arrêt par ses journaux féminins et par les pages féminines des autres publications qu'elle passe son existence à travailler. Car si ces calculs n'ont en réalité qu'un but, intimider la partie de la population qui exerce un métier ou une profession pour consolider ses propres privilèges, il faut considérer qu'il existe des femmes qui ne savent pas lire entre les lignes, Et quand on ne cesse de suggérer à l'une d'elles qu'on la traite comme une servante et qu'elle rate une existence bien plus belle à cause de celle qu'elle a chez elle, on peut arriver en lin de compte à l'exciter contre toute sa famille. Au lieu de remercier son mari des enfants qu'il lui offre (car lui-même n'en profite guère), de sa sécurité matérielle et de la vie qu'il lui permet de mener librement et à sa guise pendant qu'il doit obéir aux ordres de son supérieur et flatter ses clients, elle lui reprochera d'avoir ruiné sa vie et exigera qu'il lui exprime toute sa gratitude. Et c'est ainsi que cet homme, qui pourrait trouver dans le bonheur de sa femme une certaine justification de son propre malheur, et dans la satisfaction qu'elle exprimerait un moyen indirect d'être satisfait de lui-même, se trouve, avec l'aide de la science, doublement frustré.

Après la publication de la première partie de cette étude, où j'affirmais qu'on peut tenir le ménage de quatre personnes en plus ou moins deux heures par jour, les journaux de plusieurs pays ont fait vérifier cette thèse, et toutes les expériences faites l'ont confirmée. Les volontaires, généralement favorables, qui ont fait partie des différents échantillonnages n'ont, dans aucun cas, dépassé le nombre d'heures que j'indiquais. D'ailleurs, les contre-expériences sont possibles là où les femmes, dans leur propre intérêt, veulent estimer le temps réel de leur travail : quand elles emploient une femme de ménage, cette dernière doit souvent liquider en quatre heures le matin le ménage de toute une semaine. L'activité de la ménagère se limite alors à la cuisine, aux achats, et au temps qu'elle passe à remplir et à vider ses placards et ses appareils ménagers.

La norme que nous présentons ici une fois de plus pour le temps de travail nécessaire au ménage de quatre personnes (deux adultes, deux enfants, de 80 à 120 m^2 de superficie) se compose des valeurs particulières suivantes :

—   *Cuisine*

Petit déjeuner	10 minutes par jour
Un repas froid	10 minutes par jour
Un repas chaud (temps de travail	30 minutes par jour
réel sans temps de cuisson)	

—   *Mettre la table*

(pour 4 personnes, 3 fois par jour	15 minutes par jour
30 minutes par jour 5 minutes)	

194

—   *Vaisselle*

(85 articles, sans séchage)	30 minutes par jour

—   *Passer l'aspirateur*

(ou balayer et essuyer)	15 minutes par jour
Faire les 4 lits	*10 minutes par jour*
Ranger (y compris vider les ordures)	10 minutes par jour
Nettoyer la cuisine	20 minutes par semaine
Nettoyer la toilette et la salle de bain	20 minutes par semaine
Lavage (3 remplissages de machine, y compris suspendre le linge et changer les draps)	40 minutes par semaine
Soins au linge (y compris le repassage nécessaire, les draps comptant comme n'étant pas à repasser)	60 minutes par semaine
Achats (un gros achat hebdomadaire ou plusieurs petits achats)	120 minutes par semaine
Nettoyage des vitres (20 m5 en employant un produit auto-séchable)	60 minutes par mois

195

Cela donne pour tout le mois un temps de travail de 83,33 heures, soit 19,39 heures par semaine ou par jour 2,77 heures.

Ce budget horaire est valable pour une maîtresse de maison tant soit peu exercée et très exigeante au point de vue propreté. Il peut encore être réduit considérablement par l'intensification des efforts, l'application du travail aux pièces — ou une certaine négligence ou laisser-aller — sans que la femme au foyer ou la vie de famille n'aient à en souffrir. Il reste en tout deux heures de labeur concentré, le temps qu'un homme met matin et soir en plein trafic de pointe, pour se rendre à son travail et en revenir.

Prenons pour point de départ les temps contrôlables : 2,77 heures de travail par jour. Ce pensum est celui de tous les foyers où il y a au plus deux enfants et dans lesquels on dispose au moins d'une machine à laver, c'est-à-dire pratiquement pour tous les ménages de cette importance dans nos pays occidentaux — ainsi que dans tous ceux qui sont sur la voie de l'industrialisation, Italie, Espagne, Portugal et Amérique latine, du moins dans les couches moyennes et moyennes-supérieures de ces sociétés — étant entendu que le foyer ne comporte pas plus de quatre personnes. Si l'on emploie davantage d'appareils ménagers, on réduit considérablement ce temps. Avec une machine à laver la vaisselle, le temps consacré à ce travail passe d'une demi-heure à dix minutes (pour la remplir et la vider) : ce qui ramène la journée de travail de 2,77 à 2,44 heures. Si l'on dispose en plus d'une machine à sécher le linge qui réduit de 40 à 20 minutes le temps de la « lessive » en supprimant le besoin de suspendre puis de reprendre quelque 90 pièces de linge, la journée moyenne de travail n'est plus que de 2 heures 24 minutes.

Insistons ici sur un point : l'automatisation du travail ménager n'est pas seulement un problème financier. Par exemple, il y a proportionnellement aux États-Unis six fois plus de machines à laver la vaisselle qu'en Allemagne de l'Ouest. Or, il s'agit de pays dont le revenu par tête d'habitant est comparable et où les prix d'achat de ces appareils sont à peu près semblables. On doit donc en conclure que leur acquisition ne dépend pas seulement du salaire du chef de famille, mais en grande partie de la mesure dans laquelle il a été manipulé. Les maris américains sont si parfaitement dressés par les mass-médias, surtout par les spots publicitaires qui toutes les sept minutes offrent à la ménagère surchargée le moyen d'alléger son travail, qu'ils considèrent leur femme comme une esclave si elle doit faire plus que réchauffer l'unique repas chaud quotidien et si les enfants rentrent tôt de l'école au lieu d'y rester toute la journée. Pour l'instant, ce lavage de cerveau garde en Allemagne de l'Ouest et en Europe occidentale tout un aspect assez « amateur ». Tant que le mari européen, à son retour chez lui, verra flotter au vent le linge fraîchement lavé et entendra, après son dîner, le cliquetis de la vaisselle, la surcharge de travail de sa femme lui paraîtra plus évidente que si elle se contentait de presser des boutons. Mais cette absence de mécanisation du travail ménager provient souvent d'un sabotage conscient. Beaucoup de ménagères européennes prétendent encore que du linge lavé à la machine ne sent pas vraiment bon et que la vaisselle faite automatiquement n'est jamais vraiment propre. Le budget annuel d'une ménagère allemande pour ses nouvelles acquisitions — mille dollars dans la classe inférieure, quinze cents dollars dans la classe moyenne — est employé pour des achats qui lui donnent du travail plutôt que pour ceux qui lui en épargneraient.

Ainsi, en Allemagne de l'Ouest, tous les deux ans, la ménagère moyenne dépense en nouveaux rideaux et en nouveaux tapis ce que lui coûterait une machine à laver la vaisselle. Après la réforme, puisque toutes les femmes travailleront à l'extérieur, elles n'auront plus à justifier leur droit à l'existence d'une façon aussi compliquée. Partout où cela sera possible, elles pourront, la conscience en paix, se laisser servir par des robots.

Cependant en dehors de l'automatisation du foyer, on peut encore réduire le temps du travail ménager en le déléguant partiellement à quelqu'un d'autre. C'est ainsi que l'on économise une heure entière si l'on fait préparer le repas, deux fois par semaine, par une aide quelconque, ou par exemple si l'on va un jour au restaurant ou si l'on utilise un plat tout préparé, comme c'est le cas dans beaucoup de familles. Et les enfants, une fois assez grands, se voient souvent confier quelques tâches. S'ils ne font que mettre la table six fois par semaine et passer deux fois l'aspirateur, le temps de travail de la femme au foyer diminue encore d'une heure.

Finalement, le mari lui aussi se voit déléguer une partie du travail ménager et assume des devoirs familiaux relevant de la femme. Tant qu'on ne désignera pas clairement du nom de travail ménager ce qu'on lui demande de faire, il soulagera d'autant sa femme s'ils exercent tous les deux une profession. C'est le cas des achats : dans les familles qui ne possèdent qu'une seule voiture, l'homme estime qu'il est logique qu'il fasse au moins une partie des courses, d'où une réduction nouvelle du temps de travail de la femme. Il y a aussi des hommes qui aiment faire la cuisine : après la réforme, ils auront enfin le temps de cuisiner. En effet, les amateurs de bons petits plats et de barbecue ont créé une nouvelle tradition : aujourd'hui, il n'est plus « anti-masculin » de s'occuper de cuisine. Mais pour que la femme puisse garder toutes ses illusions, il faut maintenir ces incursions masculines dans certaines limites. Tant qu'il prépare rarement un repas — tant que chacun de ses gestes est hésitant et qu'il cherche partout chaque ustensile — un homme donne l'impression d'être déplacé dans une cuisine et par conséquent d'être masculin. Comme la même règle s'applique aux menus familiaux qu'aux produits industriels — plus il y a monopole, plus la qualité est mauvaise — une certaine situation de concurrence entre le mari et la femme sera ici utile à tous.

Pour tout le reste des travaux courants, on ne pourra pourtant guère compter sur l'homme. Quand la femme voudra se faire aider par son compagnon, il lui faudra d'abord « masculiniser» le travail en question. C'est-à-dire qu'elle devra par exemple utiliser des seaux à ordures beaucoup plus lourds ou des appareils électriques défectueux, pour que l'affaire devienne trop pénible ou trop dangereuse «pour une femme». Et il va de soi que, dans un cas pareil, la dépense de travail ne sera aucunement proportionnée à l'allégement qui en résultera.

Toute autre disposition serait utopique : la femme ne renoncera jamais à commander dans son domaine particulier : dans le travail ménager elle sera automatiquement le « supérieur » de son mari et devra par conséquent le diriger dans les tâches qu'elle lui confiera. Et comme une telle situation est incompatible avec le rôle viril, la plupart des hommes refuseront de s'y prêter.

Abstraction faite de ce qui précède, les charges, après la réforme, seront assez également réparties. Lorsque mari et femme travaillent tous deux au dehors, les hommes, aujourd'hui déjà, assument généralement les obligations suivantes :

1.   Ils font les courses, conduisent la voiture pour la femme et les enfants après le travail, pendant le week-end et tout au long des vacances. Dans les familles qui n'ont qu'une auto — la majorité — l'homme parcourt en moyenne deux cent cinquante kilomètres par semaine au service de sa famille.

2   Là où il y a un jardin (dans une grande partie des familles chargées d'enfants), c'est surtout lui qui s'en occupe.

3.   Il en est de même de la correspondance officielle de la famille : échange de lettres avec les autorités, comptes, déclarations d'impôts, etc.

4.   L'homme lave la voiture familiale, l'entretient, se charge des petites réparations dans la maison et le jardin, fait les travaux de peinture, etc.

Certes, la femme aura toujours plus d'obligations familiales — dans un cas, il s'agira de quelques minutes de travail, dans un autre peut-être même d'heures. C'est surtout dans les familles les plus pauvres que l'homme sera avantagé par rapport à la femme, car l'importance du travail qu'il fait chez lui dépend surtout de la possession d'un jardin ou d'une auto, ce qui est plus rare dans les classes inférieures que dans les classes moyennes.

Mais quand on pense que la répartition des tâches que nous avons envisagée — et qui conserve le schéma courant du rôle de chaque sexe — respectera les lois de l'érotique, et que les femmes, puisque rien ne sera changé à ce sujet, conserveront la haute main sur l'arrangement du foyer, les menus et le côté social de la vie familiale, un désavantage éventuel se trouvera largement compensé d'après leur échelle des valeurs. Et nous ne mentionnerons qu'en passant que nombreux sont ceux et celles qui éprouvent plus de bonheur à donner qu'à recevoir.

Bien qu'à vrai dire on ose à peine l'espérer, il se peut qu'après quelques années de réforme, les femmes adoptent un code d'honneur contraire à celui d'aujourd'hui. Comme elles ne devront plus justifier leurs privilèges par une exhibition de zèle, peut-être considéreront-elles brusquement que les meilleures maîtresses de maison sont celles qui s'entendent à se croiser les bras.

POUR LES ENFANTS, UNE SOCIÉTÉ SANS CLASSES

Dans la présentation que nous venons de faire du travail de la femme au foyer, celui qu'occasionnent les enfants a été compris, car pendant la période où ils donnent le plus de peine, — au cours de leur première année de vie — les soins qu'on leur donne sont rémunérés par un salaire. On ne tient en revanche pas compte du temps simplement passé avec eux, pour jouer, pour leur apprendre quelque chose, les distraire, les promener, les mettre au lit, etc. Le but de la réforme est entre autres de changer tellement notre attitude à l'égard des enfants qu'on considère leur compagnie comme un honneur et comme une joie. Car du moment que nous avons institué une régulation des naissances que tous peuvent utiliser, les enfants sont des êtres humains qu'on invite, de son plein gré, à prendre part à la vie qu'on mène ; quiconque considère leur présence comme une obligation pénible contrevient aux règles les plus élémentaires de l'hospitalité, d'autant plus qu'ils n'ont eu aucune possibilité de décliner notre invitation.

Réclamer des institutions qui permettent aux mères de ne plus fréquenter leurs enfants devrait paraître à tout enfant non seulement indécent, mais illogique. Car à quoi cela rime-t-il de mettre au monde des êtres que de toute façon on refuse de voir ?

On n'invite pas chez soi les gens qu'on ne veut pas connaître. Comment les enfants soupçonneraient-ils qu'on ne les considère pas comme des invités, mais comme des objets, des vies humaines qu'on « possède », des choses qu'on peut à l'avenir abandonner n'importe où, à son gré, aussi longtemps et aussi souvent qu'on le veut. Et les enfants doivent être chaque jour témoins de la manière dont leur mère se passionne pour une société où il y aura « assez » de crèches et d'écoles à plein temps pour qu'elle ait enfin la possibilité de « se réaliser », et où l'on perfectionne sans cesse des modèles d'organisation tels qu'on puisse, avec le plus de ménagements possibles, abandonner ses enfants dès leur naissance. Là où ce « paradis » est déjà réalisé et où les enfants ne voient en fait leurs parents que le soir, on discute publiquement de tout, sauf de supprimer ce genre d'établissements. Selon que le père gagne peu ou beaucoup, les enfants sont relégués dans des prisons de types différents, et selon qu'ils deviennent homme ou femme, ils restent toute leur existence sous garde ou sont remis plus tard en liberté. Naturellement, les conditions de leur emprisonnement ou de leur liberté dépendent de l'argent que leur père rapportait à la maison quand ils étaient enfants. Car la situation économique et sociale des parents détermine la profession qu'on adopte et le genre d'homme avec lequel on se marie. Même si les fils deviennent souvent « plus » que leur père, ce n'est la plupart du temps qu'un tout petit peu « plus ». Et s'il est vrai que les filles, en règle générale, montent dans l'échelle sociale quand elles se marient, elles ne peuvent qu'exceptionnellement — quand elles sont particulièrement jolies — grimper plusieurs échelons à la fois.

Grâce à la réforme que nous proposons, une série de mesures relativement simples — diminution du temps de travail et réduction des heures de classe, salaire des nourrissons et salaire scolaire — révolutionnera totalement la vie des enfants. On pourra alors supprimer leurs prisons et niveler les différences sociales. Là où c'est absolument nécessaire pour des raisons d'humanité, pendant l'enfance, on aura après la réforme une société sans classes, et là où les classes sont inévitables pour des raisons économiques, à l'âge adulte, elles se reconstitueront à partir du rendement de chacun. Une fois de plus, ce ne sera pas la justice absolue, mais la meilleure solution possible.

Car si l'on supprimait également les classes pour les adultes, il est vrai que les enfants eux non plus ne connaîtraient pas de différence de classes, mais ce serait pour leur mal, et non pour le bien. Si les adultes ne s'efforçaient plus de gagner davantage et d'acquérir plus de prestige — nous limitons il est vrai cette concurrence à quelques heures par jour — il serait impossible d'assurer aux enfants le confort matériel auquel ils ont droit : les faire venir au monde serait les inviter à vivre dans un désert. On serait obligé de leur refuser ce qui leur est encore plus nécessaire que le confort : l'intimité d'une famille. Puisqu'une économie qui aboutit à un plan rigoureux voit diminuer la productivité des citoyens, laquelle augmente au contraire quand chacun d'eux a le choix de son activité, les parents, dans une société à économie planifiée et sans classes, seraient toute la journée absents de chez eux, alors que dans une économie de marché, mais sociale — dans une société sans classes dès l'enfance — cette absence pourra être réduite à une demi-journée. Quant aux enfants d'une même famille, au lieu de grandir ensemble, ils ne se rencontreraient dans le meilleur des cas que dans la cour d'une école-prison.

Une société sans classes dans l'enfance se distinguera principalement par les caractéristiques suivantes :

Tous les enfants auront des parents

Après les réformes, les enfants ne passeront plus toute leur journée dans des crèches, des garderies et des écoles à plein temps. Aucun d'eux n'aura plus de cinq heures de classe, et tous, à leur retour à la maison, trouveront quelqu'un qui les attendra. Les enfants de père ou mère célibataire n'auront plus à végéter dans des foyers, ceux des plus pauvres ne devront plus courir les rues avec la clé de leur appartement accrochée au cou (comme on le voit en Allemagne et dans les pays Scandinaves), et ceux des parents émancipés n'attendront plus leur retour jusqu'au soir dans leur pavillon de grande banlieue. Il est prouvé que les parents bien reposés commettent moins de sévices envers leurs enfants que les parents surmenés ; quand ils feront la journée de cinq heures, ils seront donc moins sévères. Et tout le monde profitera de cet état de choses : si l'on se fonde sur les statistiques qui montrent qu'environ soixante-quinze pour cent des délits sont commis par les anciens pensionnaires des foyers collectifs et des établissements de l'Assistance publique, on peut supposer qu'après une réforme qui garantira à chaque enfant son foyer particulier, la criminalité elle aussi battra en retraite. Il y aura également moins de dangers, et grâce au démantèlement des foyers d'enfants et des prisons et aux économies réalisées dans l'administration de la justice *et* l'Assistance publique, moins de frais.

Tous les enfants bénéficieront de la sécurité matérielle

Le salaire d'apprentissage permettra à tout enfant, dès sa naissance, de disposer d'autant de nourriture, de vêtements et d'espace habitable qu'il en a besoin pour vivre. Étant le maillon le plus faible de la communauté, il a également le plus besoin d'être protégé : les crises économiques ne frapperont plus d'abord les pauvres puis les riches, mais en premier lieu les adultes, puis les enfants. Et à l'intérieur même de la famille, la situation de l'enfant sera renforcée : la rente qu'il recevra le libérera du statut de personne assistée et le transformera vis-à-vis de ses parents en hôte payant. Ce que ses parents lui donneront ne sera plus un cadeau, mais un dû. Au lieu du sentiment de culpabilité et de dépendance qui, dans la plupart des cas, détruit aujourd'hui les rapports de l'enfant et de ses parents, on pourra pour la première fois insister sur leur sympathie et leur affection réciproques. Car on ne peut vraiment aimer quelqu'un que lorsqu'on n'est pas obligé de le faire : lorsqu'on n'a envers lui aucune obligation.

Les enfants auront les mêmes chances au point de vue éducation

Après la réforme, le salaire du père ne sera plus l'élément déterminant de la future profession de l'enfant. Seuls compteront son inclination personnelle, l'exemple qu'il aura chez lui et les pronostics des spécialistes sur l'évolution du marché du travail. Une école totalement intégrée ne permettra plus, comme aujourd'hui, la discrimination des élèves les plus pauvres : chaque enfant pourra étudier autant qu'il le voudra. Là aussi, toute la communauté en profitera : la mobilisation des talents jusqu'ici en réserve aura pour conséquence une augmentation de la qualité des services rendus ; l'égalité des chances assurera mieux qu'avant la paix sociale, et l'éducation féminine ne sera plus le gigantesque investissement erroné qu'il est encore de nos jours.

Tous les enfants seront des enfants désirés

Jadis, les enfants ont servi principalement de main-d'œuvre. Dans les sociétés agraires, ils devaient dès leur plus tendre enfance aider les adultes dont il leur fallait en plus assurer la vieillesse. Aujourd'hui, leur fonction principale est de servir d'otages : l'homme travaille pour la femme, mais pour qu'il continue à le faire, la femme a besoin d'abord d'un ou deux enfants. Après la réforme, les enfants ne seront plus ni de la main-d'œuvre ni des otages, car ils ne pourront servir à rien ni à personne, et ils n'auront plus à subir d'exploitation. Certes, les raisons d'avoir un enfant demeureront toujours égoïstes — on veut les avoir pour compagnons, pour symboles de l'amour qu'on ressent, pour garants de l'éternité à laquelle on aspire. Mais pour la première fois, il s'agira d'un égoïsme qui flattera l'enfant.

Pour que les enfants ne soient pas le produit du hasard, la société, qui aura supprimé pour eux les classes sociales, devra également disposer d'une planification familiale sans distinction de classes. C'est-à-dire qu'il faudra que les conseils sexuels soient gratuits, gratuits les moyens anticonceptionnels, et là où la future mère — et non la société — considérera que c'est l'unique solution, l'interruption de grossesse elle aussi sera gratuite. Si dans cet avenir proche les enfants doivent être plus heureux qu'aujourd'hui, on devra surtout veiller à ce que ceux qui seraient certainement malheureux (puisque, quelles qu'en puissent être les raisons, leur mère ne les souhaite pas), ne viennent pas au monde. Comme aucune femme ne se fait avorter par plaisir, il est absurde de craindre que la législation de l'interruption de grossesse puisse conduire à des abus.

Les adversaires et les partisans de l'interruption de grossesse représentent deux conceptions morales qui pourront subsister côte à côte après la réforme. La conscience des uns s'indigne qu'un embryon ne puisse pas devenir un homme, et celle des autres s'oppose à ce qu'un embryon devienne un homme malheureux. Les uns ont souci de la quantité, les autres s'inquiètent de la qualité de la vie humaine sur notre planète. Le fait que les familles qui recueillent des enfants abandonnés soient plus souvent pour l'interruption de grossesse que contre semble confirmer cette thèse, comme le prouve par exemple le résultat d'une enquête de motivation effectuée chez les parents adoptifs d'enfants vietnamiens. Le désir d'éviter que des êtres humains mènent une vie malheureuse semble aller de pair avec celui de se charger du malheur des autres. Il est cependant frappant que presque tous les partisans de la peine de mort soient également les adversaires de l'interruption de grossesse. Dans ce cas, il ne s'agit pas toujours de la protection de la vie, mais d'un pouvoir qu'on exerce sur la vie des autres — celle du criminel, celle de la future mère ou du futur père : c'est-à-dire qu'il n'est plus question d'une morale différente, mais d'une forme particulière d'immoralité.

On doit pourtant présumer que malgré toute l'aide qu'on apportera à la prévention des grossesses non désirées, les femmes, après la réforme, auront plus volontiers des enfants.

S'il y a eu effondrement des naissances avec la généralisation de la pilule, la courbe de la natalité changera une fois de plus de sens, cette fois pour remonter. Car aucune naissance de trop ne donnera le sentiment à l'un des membres du couple qu'il est enchaîné à jamais, et d'autre part tous deux ne craindront plus de ne pouvoir subvenir aux besoins de leurs enfants. Et ils auront du temps à eux, beaucoup de temps. L'une des nombreuses choses passionnantes qu'on pourra entreprendre dans ce temps dont on disposera sera sans aucun doute de créer de nouvelles vies et d'observer comment elles se développent. Dans nos pays industriels de l'Ouest, où on s'inquiète déjà sérieusement du recul de la population, ce sera peut-être la seule façon de voir augmenter de nouveau le chiffre des naissances. Sans compter que c'est la seule méthode d'encouragement de la natalité dont on peut prendre la responsabilité vis-à-vis des enfants.

Comme nous l'avons déjà dit, au cours de l'année où les soins du nourrisson seront totalement payés par le salaire de l'enfant et le salaire du parent qui restera près de lui, ce sera certainement la mère et non le père qui s'occupera du nouveau-né. Demain comme aujourd'hui, hommes et femmes considéreront les soins donnés à un bébé comme une occupation « typiquement féminine », et ils prendront donc leur décision à ce sujet uniquement pour des raisons érotiques. Mais il s'agira d'un contrat privé entre les deux partenaires, et qui ne regardera qu'eux. Du fait que les parents pourront à leur gré changer de rôle et que d'autres possibilités s'offriront encore à eux — par exemple alterner leurs heures de travail ou engager une nourrice — aucun d'eux ne pourra se sentir désavantagé. Et certainement pas celui qui restera près de son enfant.

Dès son premier anniversaire, l'enfant sera pris en charge cinq heures par jour, plus le temps nécessaire à l'allée et venue du parent, dans un jardin d'enfants. Pour que ce changement ne se transforme pas en traumatisme pour le bébé, il sera nécessaire d'offrir à la personne qui se sera occupée de lui — généralement la mère — la possibilité de s'intégrer pendant quelques jours à ce nouveau milieu où d'ailleurs on lui confiera provisoirement une tâche quelconque. Dès que l'enfant se sera habitué à son nouvel entourage, on pourra le laisser seul quelques heures par jour sans que cela puisse le choquer, car le contact des enfants de son âge sera même absolument nécessaire pour son évolution future. Il va de soi que ces mesures renforceront encore plus l'égalité des chances. Les désavantages qui résultent du milieu familial pourront être largement compensés au cours de la seconde année de vie de l'enfant par un « cours préparatoire ». Naturellement, ce séjour au jardin d'enfants ne sera en aucune façon obligatoire. Si quelqu'un préfère une autre solution — confier l'enfant aux grands-parents, à une aide domestique, ou se succéder près de lui grâce à des horaires différents — il ne devra laisser son enfant aux mains de personnes étrangères qu'au moment de l'âge scolaire.

Ainsi, les rôles spécifiquement sexuels demeureront inchangés dans le domaine de l'éducation de l'enfant, sans que pour cela l'un des deux sexes soit désavantagé par rapport à l'autre. Car il est certain qu'après la réforme les femmes voudront s'occuper de leurs enfants d'une manière autre que celle des

209

hommes, c'est-à-dire d'une manière typiquement féminine. Ce sont elles qui le plus fréquemment les baigneront, les feront manger, les habilleront, tandis que les hommes joueront avec eux, les initieront à diverses choses, les traiteront différemment. Mais cette répartition des tâches demeurera exclusivement l'affaire privée des parents. Et tous deux auront tout le temps nécessaire pour se consacrer à leurs enfants.

Et il est certain également qu'après la réforme, les femmes continueront à sortir moins souvent le soir que les hommes. Mais là non plus, ce ne sera pas obligatoirement un désavantage. Car il faudrait d'abord démontrer que le bonheur qu'on éprouve à boire un verre de bière dans un bistrot enfumé est bien plus grand que celui qu'on ressent lorsque, dans le calme d'une maison, on surveille le sommeil d'un petit enfant.

LE DIVORCE ENFIN PERMIS AUX PAUVRES

Si l'on ne considère que les chiffres, un divorce est une accumulation de bonheurs individuels. Celui qui veut divorcer a généralement déjà trouvé un nouvel amour (si puissant qu'il quitte pour lui la famille qu'il a déjà). Celui qui ne veut pas divorcer, aimera de nouveau, d'après les statistiques, deux ou trois ans après (et il dira à celui qu'il aime que c'est un bonheur d'avoir été abandonné, car autrement il n'aurait jamais rencontré le grand amour de sa vie). Et cet enrichissement s'étend, toujours en chiffres, aux enfants : au lieu d'avoir à leur disposition deux adultes qui se disputent, ils en ont quatre qui ne se disputent pas. Sans compter les charmants petits frères et petites sœurs qui, en règle générale, ne se font pas attendre longtemps.

Si au moins l'un des partenaires ressent le divorce surtout comme un malheur, cela ne tient qu'en partie à la perte qu'il a subie. Ce qui rend la fin d'un amour révolu plus douloureuse que celle d'une passion tumultueuse — alors que ce devrait être le contraire — c'est surtout le nombre des témoins qui y sont impliqués. Du fait que le mariage est le plus grand honneur qu'on puisse faire à la personne qu'on aime, le divorce est également sa plus grande humiliation. Et plus on a averti de gens qu'on tient un certain être du sexe opposé pour plus intéressant que tous les autres de ce sexe — le mariage est toujours le meilleur moyen de proclamer partout ce triomphe — plus il est pénible de devoir se dire que cet être, après mûre réflexion, vous trouve tout à fait ordinaire. Pour faire oublier qu'on a été ainsi pesé et jugé, il n'y a en fait qu'une seule possibilité : convaincre tout le monde, grâce à un petit travail opiniâtre, que c'est l'autre, bien qu'il vous ait lâché, qui est tout ce qu'il y a de plus ordinaire. Et il va de soi que cette manière difficultueuse de restaurer son « honneur » ne peut que retarder le début du nouvel amour que garantissent les statistiques : toujours d'après elles, soixante-dix pour cent des femmes et quatre-vingts pour cent des hommes se remarient après un divorce. Dès lors, le bonheur du partenaire qui a voulu divorcer devient lui-même moins resplendissant : quoi qu'il en soit, du fait même de son nouvel amour, il a perdu beaucoup de sa bonne réputation.

Cependant, alors qu'on pourrait vraiment s'en tenir là, voici qu'après ce tourment, on se précipite dans d'autres ennuis. En plus de se battre pour son « honneur », il faut lutter pour survivre plus ou moins convenablement. Comme il n'y a, dans la plupart des familles, qu'un des membres du couple qui travaille, il faut forcer ce dernier, avant la séparation définitive, à s'engager à verser des indemnités et des pensions alimentaires aussi élevées que possible. Une fois de plus, le malheureux devra se défendre de toutes ses forces : car non seulement il lui faut entretenir cette famille, mais aussi celle qu'il va fonder. Tout ce qui peut surestimer ou diminuer le prix de cette liberté est alors employé sans scrupule dans le duel qui commence : l'amour des enfants, l'estime des amis, des relations, des collègues de travail, la connaissance d'une faute professionnelle ou d'un défaut privé, on jette tout dans la balance. On dévoile à dessein tous les endroits vulnérables qu'on a pu découvrir chez l'autre au cours d'une vie commune, intime, de plusieurs années, on se sert, pour ce chantage, de toutes les faiblesses qu'en pleine confiance, il vous a confiées : seule compte leur utilité. Et c'est ainsi que peu à peu se créent ces enfers privés qui non seulement ruinent les derniers mois d'un mariage, mais aussi tout ce qu'il a été auparavant. Enfin, se dit-on, voici que l'autre montre son vrai visage.

Mais ce visage n'est pas plus vrai que celui qu'on a cru voir avant le temps du mariage. Il en est uniquement l'extrême opposé, ce qui apparaît quand un être n'a sentimentalement plus rien à perdre et matériellement tout à gagner. Malheureusement, c'est ce visage-là dont on se souviendra toute sa vie et qui transforme des jours en réalité heureux en années après-coup perdues. Et c'est également ce visage qui empêche par la suite deux amants de pouvoir recommencer à s'aimer comme avant.

Il n'existe qu'un groupe d'hommes à qui tout cela est épargné : ceux qui ont un revenu très bas. Dans la classe sociale la plus pauvre, seules les femmes peuvent se marier deux fois : elles n'ont pas à assurer la subsistance de l'homme qu'elles abandonnent ni de celui qui va devenir leur mari. Un homme qui ne gagne pas assez pour entretenir deux familles ne le peut qu'à condition de se réfugier dans la clandestinité ou de partir si loin que personne ne peut le retrouver. C'est-à-dire que s'il ressent un jour un nouvel amour passionné, il doit renoncer à jamais à ses enfants, à ses parents, à ses amis, à sa profession, à sa patrie. Mais ce n'est pas tout. Alors que les hommes des classes supérieure et moyenne sont uniquement séparés de leurs enfants (du fait qu'ils ont travaillé jusqu'alors, on les leur ôte régulièrement lors d'un divorce en alléguant qu'ils doivent continuer à travailler), ceux des classes inférieures doivent aussi avoir le courage de les condamner à vivre dans des crèches, des garderies ou des asiles. Car même dans les pays les plus riches, les secours sociaux ne sont jamais assez élevés pour permettre qu'une mère, après un divorce, puisse demeurer chez elle. On comprend donc qu'un pauvre, pour toutes les raisons qui précèdent, renonce le plus souvent à refaire sa vie. Puisque de toute façon il doit vivre dans le malheur, il reste là où il est.

Tout cela changera avec la réforme. Le divorce ne sera plus seulement réservé aux riches, mais les pauvres pourront y recourir aussi souvent qu'ils le voudront. Et la procédure elle-même n'aura qu'une ressemblance seulement éloignée avec le massacre actuel, car la structure de la famille sera absolument variable. Comme dans un jeu de construction, deux ou plusieurs êtres humains pourront s'associer et se séparer sans autres conséquences que les complications sentimentales. Du fait que dans la plupart des mariages, les deux adultes travailleront et que les enfants eux-mêmes bénéficieront d'un revenu indépendant, un divorce n'entraînera aucune discussion concernant les pensions alimentaires et une indemnisation quelconque, et comme chacun des époux sera assuré d'avoir automatiquement une retraite, il n'y aura pas lieu de procéder à la répartition des assurances en cours. Le problème du logement pourra être résolu par un emménagement, après le divorce, dans un logement plus petit, ou au moyen d'une sous-location. Dans le dernier cas, il y aura aussitôt une place réservée pour le nouveau partenaire. Reste l'éventualité d'une fortune commune, qui devra être séparée par moitié. Et s'il y a propriété de logement, on pourra bénéficier d'un crédit pour régler la part de l'époux qui s'en va ; là aussi, la location d'une pièce permettra de compenser le déficit en question.

Aucun des deux divorcés n'aura plus à être privé de ses enfants. Puisque tous les deux ont le temps nécessaire, les enfants pourront choisir eux-mêmes le parent chez lequel ils voudront rester. La « puissance paternelle » devra revenir à l'un d'eux lorsque l'enfant sera trop petit pour décider lui-même de son sort et que les parents ne pourront pas se mettre d'accord à l'amiable sur son habitation principale. Sans doute y aura-t-il plus de conflits à ce sujet qu'il n'y en a aujourd'hui. De nos jours, il faut qu'un homme n'ait pas besoin de travailler — qu'il ait de la fortune ou soit assez affranchi pour se faire entretenir par son ex-femme — pour qu'il puisse revendiquer la garde de ses enfants ; après la réforme, tout père pourra demander que ses enfants lui soient confiés puisque les conditions matérielles qu'il pourra leur offrir seront équivalentes à celles de la mère. Mais même le perdant de ce combat ne sera pas aussi inconsolable qu'aujourd'hui. Grâce à la journée de cinq heures, à condition qu'il vive dans la même localité, il aura tout le temps nécessaire pour voir ses enfants aussi souvent qu'il le souhaitera, ce qui lui est impossible à présent.

Ce « perdant », il est vraisemblable qu'également après la réforme, ce sera le plus souvent l'homme. De même qu'il va de soi qu'on doive s'attendre à ce que la mère et non le père veille sur l'enfant pendant sa première année de vie, ce sera à elle et non à lui que sera attribué, en cas de conflit, le droit de garde. Puisqu'il faut adopter un point de vue quelconque, la jurisprudence transformera peut-être cette décision habituelle en règle de conduite. Les femmes qui estimeraient qu'elles sont désavantagées parce que leur rôle, après la réforme, comportera encore le bain du nouveau-né, sa nourriture et les soins annexes, pourront se consoler en pensant qu'en cas de divorce, pour la même raison, l'enfant sera beaucoup plus en sûreté.

Avec tout ce que nous venons de dire, on pourrait imaginer que la réforme que nous proposons transformera la société actuelle en une Sodome-et-Gomorrhe : chacun de nous serait libre de quitter à tout moment son mari ou sa femme et de s'associer avec qui que ce soit. Ce souci n'est aucunement fondé : l'augmentation du nombre des divorces, si elle a vraiment lieu, demeurera insignifiante. Certes, il y aura bien plus de liberté dans le mariage, mais aussi plus d'amour. Toutes les femmes qui choisissent aujourd'hui leur compagnon pour des raisons surtout pratiques, se décideront pour l'homme qu'elles aiment et avec lequel par conséquent elles mèneront une vie conjugale plus intéressante. Car ce ne sont pas seulement les liens érotiques, mais les liens intellectuels qui en sortiront renforcés. Pendant qu'aujourd'hui l'homme et la femme se sentent souvent séparés par un abîme après quelques années de mariage (elle a le droit de tout oublier, tandis que lui doit sans cesse se perfectionner), ils avanceront du même pas dans leur évolution intellectuelle puisque, grâce à la concurrence professionnelle, aucun d'eux ne pourra plus s'offrir le luxe de la sottise. Du même coup, la famille, dont il faut défendre aujourd'hui les intérêts par un ensemble de lois compliquées, bénéficiera de la

215

protection la plus complète et la plus sûre qu'on puisse imaginer. L'amour et la compréhension que les deux parents auront l'un pour l'autre seront les meilleurs garants du bien-être des enfants. Sans compter le fait que le père aura une bien plus grande intimité avec ses enfants, ce qui renforcera la stabilité de la communauté. On peut bien plus difficilement blesser un enfant qu'on a quotidiennement auprès de soi que celui qu'on apprend à connaître seulement pendant les fins de semaine.

Au cas où une séparation serait malgré tout inévitable, les enfants, du fait même qu'elle sera possible, seront mieux protégés. Une vie paisible avec leur père ou leur mère sera en tout préférable à un conflit perpétuel entre deux êtres qui se sentent enchaînés l'un à l'autre en dépit de leur volonté. Car ce n'est pas parce que les époux se retrouvent couchés dans la même tombe que leur mariage a été un succès. On peut souvent « sauver » un mariage en y mettant fin à temps.

Grâce à la réforme, grâce à la plus grande facilité des divorces, on pourra également garder l'institution du mariage dans sa forme actuelle. Tout le monde en tirera bénéfice : ceux qui sont mariés, ceux qui de toute façon se marieront, ceux qui par peur des conséquences n'osent se marier, et ceux qui ne peuvent se marier parce que leur partenaire l'est déjà avec quelqu'un d'autre.

Et le problème des célibataires — les seuls qui auront à souffrir financièrement de la réforme — sera lui aussi résolu d'une façon élégante : il y en aura moins. En effet, même les homosexuels auront la possibilité de vivre à deux et de se compléter matériellement comme dans toutes les autres unions ; il ne restera donc comme solitaires que des êtres incapables de trouver un compagnon ou une compagne, sans compter ceux qui veulent absolument rester seuls. Ces derniers disposeront certes de moins d'argent qu'aujourd'hui. Mais s'il en est parmi eux pour qui la valeur suprême est un haut revenu, ils pourront choisir l'une des professions indépendantes qui rapportent d'autant plus qu'on y travaille jusqu'à l'épuisement.

PLUS D'OBLIGATION DE PARAÎTRE JEUNE, PLUS DE VIEILLESSE IMPOSÉE

Abstraction faite de tous les autres désavantages, la structure sociale actuelle nous inflige celui de nous condamner à la vieillesse avant que nous soyons vraiment vieux. Dans une société où les femmes sont aimées surtout à cause de leur aspect extérieur et les hommes principalement à cause de leur rendement, les premières se sentent vieillir lorsque leur peau se détend, et les seconds, quand leur puissance de travail diminue. Il en résulte que la frontière officieuse de la vieillesse est aujourd'hui d'environ trente ans pour les femmes et d'environ cinquante ans pour les hommes. Du fait que la réforme fixera des étalons de valeur totalement nouveaux, ce phénomène lui aussi disparaîtra.

Pour les *femmes,* cette frontière de l'âge sera repoussée d'environ quarante ans : elles ne seront plus vieilles à trente, mais à soixante ou à soixante-dix ans, ou même à un âge plus tardif. Et cela à cause de la réaction en chaîne que voici :

1.   Transformation du comportement féminin

Dès que la femme n'aura plus besoin de l'homme comme père nourricier, elle ne jouera plus l'enfant en sa présence. Quand les femmes gagneront elles-mêmes leur vie, elles ne réclameront pas la protection de l'homme plus qu'il ne leur sera vraiment nécessaire. Pour s'assurer la protection d'autrui, il faut surtout avoir l'air jeune et inexpérimenté. Il faut pouvoir présenter une peau délicate et lisse, avoir une grande faculté d'étonnement, maintenir le nombre de ses aventures sexuelles dans une certaine limite et, à partir d'un certain âge, avancer sans cesse sa date de naissance. Puisque les femmes ne rechercheront plus les avantages que leur confère ce rôle, elles relégueront aux vieilles lunes le fameux « babylook » et se montreront aussi adultes qu'elles le sont en réalité.

2.   Transformation du modèle féminin

Ce comportement nouveau entraînera une transformation du modèle féminin. La femme éternellement jeune ne domine aujourd'hui la publicité que parce qu'elle incarne le type idéal de la grande consommatrice. Naïve et juvénile, elle peut mieux que personne mobiliser l'instinct de protection d'un homme et, grâce au mariage, c'est-à-dire avec le moindre effort possible, faire une brillante carrière sociale. Après une réforme qui, d'une part, incitera les femmes à faire carrière, et qui d'autre part, en réduisant le revenu des protecteurs masculins, leur imposera d'étroites limites, cet idéal changera du tout au tout. Le nouveau modèle féminin sera celui de la femme adulte, indépendante, qui au lieu de solliciter l'instinct de protection de l'homme, fera appel à son instinct sexuel. Du coup, les femmes n'essaieront plus seulement de satisfaire le plaisir de l'homme, mais aussi le leur. Alors qu'un aspect juvénile devient à partir d'un certain âge quelque chose d'absolument inaccessible, ce nouvel idéal répondra, au moins dans une certaine mesure, aux possibilités biologiques de la femme : la différence entre celle qu'on doit être et celle qu'on est ne sera plus aussi grande qu'aujourd'hui. Cette impression de vieillesse qu'a une femme dès qu'elle ne peut plus faire d'un homme son père nourricier, ne pourra cesser que lorsqu'elle n'aura plus à l'accepter dans son lit. Elle ne se sentira vieille que des dizaines d'années plus tard.

3.   *Transformation du goût féminin*

Ajoutons à cela que lorsque les femmes rechercheront un amant et non un père nourricier, elles ne donneront généralement pas la préférence au prétendant le plus vieux, mais à celui qui aura le même âge qu'elles. Ce qui contribuera également à mettre fin à leur « vieillissement » prématuré. Certes, toutes les femmes savent aujourd'hui pourquoi un homme n'est pas obligé d'être beau et jeune, mais parmi les hommes, seuls le savent ceux qui ont un tout petit salaire. Les autres, qui gagnent davantage, sont persuadés que grâce à leur plus grand dynamisme — qui leur assure un revenu important — ils demeurent plus longtemps que leurs concurrents séduisants au point de vue sexuel. Le jour où ni les hommes ni les femmes ne s'intéresseront généralement à des partenaires plus jeunes qu'eux, on n'aura plus l'impression qu'une femme qui a dépassé trente ans est moins désirable que l'homme du même âge.

4.   *Transformation de l'attirance féminine*

À ce nouveau comportement correspondra le fait que l'homme aura moins de difficulté à se décider pour une femme du même âge que lui. Tant qu'il n'a que le choix entre une nullité de vingt ans et une nullité de quarante, il prend naturellement la plus jeune, parce que son aspect satisfait davantage son sens esthétique. Après la réforme, l'âge ne constituera plus pour une femme une perte sèche, mais aussi un gain. Ne pouvant plus s'offrir le luxe de la bêtise, elle ne fera pas que vieillir au cours des années, elle deviendra aussi plus intéressante.

Cela ne signifie pas qu'après la réforme, les femmes ne devront plus avoir peur de prendre de l'âge. Même si elles ne recherchent plus la protection de l'homme, mais davantage son sexe, la nature continuera à imposer ses limites à leur rôle d'amante. Inspirer encore des désirs sexuels au-dessus de soixante-dix ans n'est réservé qu'à un petit nombre d'êtres. Mais elles redouteront moins la vieillesse, puisqu'elle viendra plus tard, et en tout cas elles auront moins à la craindre que les hommes.

Car les années en s'écoulant font subir aux hommes un véritable handicap biologique : la plupart d'entre eux perdent leurs cheveux, et à partir d'un certain moment leur puissance sexuelle laisse elle aussi à désirer. La nature épargne aux femmes ces deux épreuves : à partir de la trentaine, elles n'ont pas à appréhender l'approche d'une calvitie, pas plus que leur vagin ne refuse tout service quand elles ont soixante ans. Leurs rides sont aussi le lot de leur compagnon. Si la plupart des femmes âgées paraissent aujourd'hui moins belles que les hommes du même âge, cela tient moins à la qualité de leur peau qu'à la manière dont elles cherchent à la dissimuler. Comme tout ce qui est naturel, le processus de vieillissement d'un être humain ne peut jamais être repoussant. C'est seulement lorsqu'un être humain simule la jeunesse, en feignant d'avoir des seins qui se tiennent, en teignant ses cheveux d'une couleur qu'on n'a généralement qu'à vingt ans, en colmatant ses rides à force de make-up, qu'il produit sur son entourage une impression atroce de délabrement, parce que tout en lui paraît antinaturel.

Pour les *hommes,* la frontière de la vieillesse ne sera pas repoussée d'un nombre d'années aussi important que pour les femmes, mais ils gagneront eux aussi une vingtaine d'années. Ce ne sera plus à cinquante, mais à soixante-dix ans qu'un homme sera vieux, et souvent même plus tard. Et cela pour les raisons qui suivent :

5   *Réduction du temps de travail*

Aujourd'hui le pensum quotidien d'un homme est calculé pour exploiter au maximum sa force de travail. Il vit pour travailler, car ses repos durent juste le temps qu'il lui faut pour récupérer. Comme ce calcul s'applique au travailleur idéal, c'est-à-dire à l'homme jeune qui se trouve à l'apogée de sa capacité de rendement, il va de soi qu'un travailleur plus âgé ne peut suivre ce rythme sans compromettre sa santé ou même payer son effort par une mort précoce. Avec la journée de cinq heures, un homme au-dessus de cinquante ans donnera encore satisfaction à son employeur. La diminution d'effort physique s'accompagnera chez lui d'une réduction de la tension nerveuse. La réforme éliminera en grande partie la menace d'un congédiement ou d'un déclassement — cette épée de Damoclès suspendue aujourd'hui au-dessus de son crâne — car il gardera un rendement égal à celui de ses jeunes collègues grâce à la réduction du temps de travail. Et même un renvoi définitif ne sera pas une si grande catastrophe : il ne

221

sera plus le seul à être responsable du revenu et du prestige social de sa famille. En général, sa femme ne l'aura plus talonné pour qu'il fasse carrière, mais, le cas échéant, aura fait porter ses efforts sur sa propre carrière.

6   Une plus grande espérance de vie

En moins de quelques dizaines d'années, grâce à la diminution des heures de travail, les hommes vivront aussi longtemps que les femmes. Dans nos pays industriels de l'Ouest, ils pourront compter soixante-quinze ans en moyenne, tout comme les femmes, et ils auront plus tardivement l'impression d'être arrivés « à la fin de leurs jours ». Les statistiques les plus récentes montrent que, malgré les progrès de la médecine, l'espérance de vie des hommes a un peu diminué. Une tension nerveuse de plus en plus forte a provoqué une augmentation des maladies de la circulation du sang, cause principale des décès. Après la réforme, l'espérance de vie des deux sexes sera aussi grande que le permettra l'amélioration des soins médicaux.

7   Une plus grande conscience de sa valeur

Après la réforme, on pourra comme de nos jours prendre sa retraite à un certain âge — contrairement à aujourd'hui, il sera le même pour les deux sexes — mais quand on le voudra, on pourra également demeurer en activité jusqu'à la fin de sa vie. Il est absurde de discuter partout de l'abaissement de l'âge de la retraite et non d'une diminution des heures de travail ; il est absurde de priver les hommes de liberté à un âge où ils pourraient jouir de toutes les joies de la vie — par exemple le sexe, le sport, boire à leur gré, faire de bons repas, profiter de la *société* de leurs enfants — et de les condamner justement à la liberté au moment où ils ne peuvent en profiter : pour le sexe, il est trop tard ; pour le sport, leur mode de vie précédent ne les y a guère entraînés ; le médecin leur interdit tout excès culinaire, et leurs enfants les ont depuis longtemps quittés. Si les hommes et les femmes de plus de soixante ans sont pour la plupart trop vieux pour travailler toute la journée, une activité bien réglée et le maintien de leurs vieilles habitudes demeurent pour beaucoup d'entre eux une nécessité. C'est justement à partir de soixante ans, quand on ne peut plus beaucoup, qu'on a besoin de se prouver qu'on est encore utile.

Là encore, les femmes supportent plus facilement ce passage.

Même en vieillissant, elles ne quittent pas leur ancien lieu de travail grâce à leurs occupations ménagères, et elles rendent souvent de grands services auprès de leurs petits-enfants. Le problème social que posent aujourd'hui les vieillards — et qui touche surtout les hommes — est la conséquence du cercle vicieux qu'est la semaine de quarante ou cinquante heures. Les journées de travail sont trop longues pour qu'on puisse en plus cultiver des intérêts et des relations qui vous aident plus tard à supporter le « choc de la retraite ». Lorsqu'on a enfin du temps à soi, on tombe le plus souvent dans un vide absolu, un vide où il n'y a rien pour tuer le temps ni personne qui vous attende pour le passer avec vous. Après la réforme, les hommes, pendant leurs années d'activité, auront d'une part l'occasion de se créer des intérêts et des contacts, et d'autre part, ils seront encore en état de poursuivre normalement leur travail après soixante ans. Ils choisiront ainsi le genre de vie qu'ils veulent mener dans leur vieillesse sans jamais être complètement la proie du désespoir.

Bien entendu, cela ne veut pas dire qu'on pourra se permettre de transformer le monde du travail en une réserve de vieillards séniles. La nécessité de la concurrence, dont dépend le bonheur de tous, demeurera une priorité pour le bonheur de chacun. Le vieillard qui ne pourra plus remplir sa tâche devra lui aussi céder sa place. Il pourra, tout comme un jeune collègue, demander un poste qui lui convient mieux ou — et ce sera son privilège — se retirer définitivement.

8   Une plus grande dignité

Si les partis présentent des candidats qui approchent de l'âge de la retraite ou qui l'ont même dépassé, si l'on fait confiance aux médecins du même âge pour prononcer les meilleurs diagnostics comme aux avocats pour leurs meilleures plaidoiries, ce n'est pas sans raison. En plus de leur savoir acquis à l'université ou à la faculté, plusieurs décennies leur ont apporté une qualité qu'on ne peut attendre d'un tout jeune homme : l'expérience. Chose bizarre, cette qualité ne semble avoir quelque importance que chez les hommes politiques et pour les professions libérales, car s'ils ont droit à un maximum de confiance, on se montre au contraire méfiant envers l'homme simple qui se débat au sein de la « société faite par les hommes ». À cet homme moyen, on fait comprendre qu'il peut confier son sort aux mains expérimentées de tel ou tel homme d'État aux cheveux blancs, mais qu'il est lui-même trop sénile pour qu'on puisse encore compter sur lui. Dès qu'il a dépassé soixante ou soixante-cinq ans, on le déclare inapte à tout et on le met à la retraite.

Cela aussi changera. Avec cinq heures de travail par jour, on pourra maintenir au niveau nécessaire le rendement physique et psychique de la plupart des vieux travailleurs tout en profitant de leur énorme expérience professionnelle. Non seulement, l'économie du pays profitera directement de cet apport, mais elle en tirera un avantage indirect avec la diminution des dépenses sociales pour l'entretien des vieux. Lorsqu'on donne à des personnes âgées l'impression d'avoir encore une valeur pour les autres, elles demeurent plus longtemps en bonne santé. Si l'on fait bénéficier un vieil ouvrier expérimenté de la même estime qu'un politicien, un médecin ou un juriste eux aussi pleins d'expérience, la vieillesse se pare instantanément d'une dignité nouvelle. Elle redeviendra, comme avant l'ère de l'industrialisation, synonyme de sérénité et de sagesse, et non — comme aujourd'hui — d'inutilité, d'insignifiance et de déclin.

9   *L'impuissance sexuelle sera retardée*

La puissance sexuelle de l'homme est déterminée par son âge, l'attirance érotique de sa partenaire, son degré d'épuisement physique et psychique, la fréquence habituelle de ses coïts et la conscience qu'il a de sa propre valeur. Abstraction faite de l'âge, tous ces facteurs, avec la réforme, évolueront à l'avantage de l'homme : il gardera donc plus longtemps sa puissance sexuelle, il continuera à se sentir plus jeune et plus désirable. Non seulement, il goûtera plus souvent qu'aujourd'hui le plus moral de tous nos plaisirs, l'exercice de la sexualité qui n'ôte rien à personne et apporte quelque chose à chacun de nous, mais il n'aura plus la sensation de frustrer sa partenaire et de dépendre ensuite de sa discrétion. Comme sa femme, la plupart du temps, ne sera pas plus jeune que lui, il pourra espérer que le début de son impuissance coïncidera à peu près avec l'époque où, peu à peu, les exigences sexuelles de sa compagne s'affaibliront elles aussi.

Considérés séparément, les facteurs ci-dessus doivent améliorer la puissance virile de l'homme de la façon suivante :

a) Sa compagne s'intéressera davantage à ce qu'il représente sexuellement, elle fera donc plus d'efforts pour continuer à lui plaire.

b) Travaillant moins, il sera moins épuisé et pourra déployer davantage d'activité sexuelle.

c) Étant mieux entraîné physiquement, ses glandes sexuelles seront capables de fonctionner plus longtemps. Pour un homme au-dessus de cinquante ans, beaucoup de travail et beaucoup d'exercice sexuel sont incompatibles. S'il ne peut diminuer l'un, il réduit l'autre. Et ce défaut d'activité glandulaire, s'il se pro- longe pendant plus d'une dizaine d'années, pourra difficilement être compensé plus tard, quand l'homme en aura enfin le temps.

d) Comme la puissance sexuelle de l'homme dépend, plus que toute autre fonction physique, de son état mental, les hommes d'après la réforme garderont plus longtemps leur puissance pour des raisons psychiques. Aujourd'hui, le renoncement d'un homme atteint par l'âge est rendu beaucoup plus définitif, par des circonstances extérieures à lui-même. En effet, les premiers symptômes se manifestent surtout au cours des années pendant lesquelles, professionnellement aussi, il commence à se sentir proche de la fin. Après la réforme, les hommes âgés demeureront plus longtemps actifs et jouiront de plus de considération générale : ils garderont donc plus longtemps confiance en eux.

UNE ÉCONOMIE DE MARCHÉ, MAIS PLUS SOCIALE

Les démocraties parlementaires sont des dictatures majoritaires : au moyen d'un vote libre, la majorité des citoyens décide du sort de tous. Aussi les démocraties parlementaires sont-elles à la fois féministes et de gauche. Du fait que la majorité des électeurs se compose de femmes et de personnes appartenant aux classes inférieures, on ne peut rien faire qui s'oppose à l'intérêt des femmes et à celui de la partie la moins fortunée de la population. Dans les pays les plus développés de l'occident, 55% des électeurs sont des femmes, et 83 à 87% appartiennent aux classes inférieures et moyennes (ouvriers, paysans, petits fonctionnaires et petits employés).

Puisqu'il en est ainsi — puisque les gouvernements démocratiques doivent être féministes et de gauche — les démocraties authentiques sont caractérisées par le fait qu'il est extrêmement difficile pour le gouvernement et pour l'opposition de se distinguer lors d'une élection par des programmes différents. Car les enquêtes sociales permettent aujourd'hui de déterminer exactement ce que désire l'électeur, et un parti qui veut arriver au pouvoir ne peut risquer de lui promettre autre chose que ce qu'il veut.

Dans nos pays occidentaux, pour qu'il y ait un changement de gouvernement, il faut que les conditions suivantes soient remplies :

a)   Les besoins de la majorité féminine et des couches inférieures de la population ne peuvent plus être satisfaits raisonnablement (peut-être parce que les politiciens que le peuple a élus se sont révélés corrompus ou incapables).

b)   La satisfaction des besoins exprimés a des conséquences néfastes inattendues (peut-être parce qu'on prélève une part si importante du profit des employeurs qu'ils perdent le désir de créer de nouvelles entreprises : dans ce cas, les plus pauvres, qui constituent la majorité, votent la fois suivante pour les conservateurs et défendent donc leur intérêt en soutenant les riches, c'est-à-dire la minorité).

c)   Un parti réussit à susciter de nouveaux besoins dans la majorité ; il lui suffit de se présenter avec ce programme au moment voulu et avec tant d'énergie que, le jour de l'élection, l'électeur s'identifie avec lui.

Il va de soi que la dernière possibilité est la seule à nous intéresser, car elle est aussi la seule à avoir un objectif bien défini. Une répartition plus équitable du facteur *temps,* celle que nous proposons dans ce livre, serait un besoin nouveau facile à éveiller chez tous et pour lequel, après une campagne appropriée, on devrait pouvoir rassembler sans grande difficulté une vaste majorité d'électeurs. Car il y a dans nos pays occidentaux des gens (les femmes) qui ont trop de temps à eux — on appelle *ennui* l'effet individuel de ce phénomène, et *émancipation de la femme* son effet social — tandis que d'autres (les hommes) en manquent complètement. Rien de plus logique que de demander à ceux qui s'ennuient de prélever un peu de leur temps pour l'offrir aux autres.

Comme une telle réforme n'est liée à aucune sorte d'idéologie, qu'elle libérerait un grand nombre de femmes de leur ennui sans leur apporter trop de fatigue et qu'elle irait dans le sens de plus de justice sociale sans compromettre l'économie du pays, la question de l'insérer dans leur programme se poserait donc à tous les partis politiques occidentaux : conservateurs, libéraux, chrétiens, nationalistes, républicains, démocrates, socialistes, partis ouvriers et paysans, eurocommunistes, etc. En effet, la *propriété* privée des biens et des moyens de production dans les pays industriels de l'ouest, qui sont les plus avancés dans le domaine social, est aussi largement répartie qu'on peut se le permettre dans l'intérêt de tous : plus de justice, a-t-on pu constater, freine l'esprit d'initiative, et la diminution obligatoire d'emplois frappe en premier lieu ceux pour lesquels on réclamait justement plus d'équité. Mais si l'on retourne la situation, si l'on confie les entreprises aux pauvres et si l'on répartit également le profit — pour empêcher la formation d'une nouvelle classe de riches — le rendement individuel baisse tellement qu'au lieu de se partager inégalement beaucoup, on n'a plus à se partager également que trop peu. Certes, on peut satisfaire ainsi une soif de vengeance extrêmement légitime, mais en étant plus pauvre et en travaillant plus longtemps qu'auparavant.

Ainsi, dans les pays fortement socialisés de l'occident, il ne pourra y avoir à l'avenir que des progrès lents et réduits en matière de redistribution de l'argent. Il en est tout autrement quand il s'agit de mieux répartir le temps. La mise en application d'une telle mesure pourrait, d'un seul coup, rendre considérablement plus sociale notre économie de marché. Car comme nous l'avons vu dans les chapitres qui précèdent, cette réforme entraînerait une révolution sociale après laquelle, sans qu'on ait eu à verser une seule goutte de sang, il y aurait pour tous bien plus de justice qu'il n'y en a aujourd'hui.

Car bien que presque personne n'en parle jamais, le temps est aussi nécessaire que l'argent pour le bonheur social. Comme nous l'avons dit ailleurs *(Le Sexe polygame,* chapitre « Amour et Puissance »), le bien-être d'un homme dépend de la manière dont il peut satisfaire son instinct de conservation, son instinct sexuel et son instinct de reproduction, donc tout ce qui concerne sa nourriture, son logement, sa santé et la personne qu'il choisit pour constituer un couple et une famille. Avec de l'argent, on peut presque tout acheter, mais sans temps disponible, tout cela n'a presque plus de valeur. Avec de l'argent, on peut se procurer de bons repas, une belle habitation, mais comment les apprécier si le temps vous manque ? Avec de l'argent, on peut rester plus longtemps en bonne santé (les riches vivent plus longtemps que les pauvres), mais si l'on dispose de temps, on le reste encore plus longtemps (les femmes riches vivent plus vieilles que les hommes riches). Avec de l'argent, on trouve plus facilement un compagnon ou une compagne, on peut se permettre d'avoir beaucoup d'enfants, mais on ne peut jouir de leur présence que si on en a le temps.

Si pourtant tous les partis ont été fascinés jusqu'ici par la répartition des biens matériels, à tel point qu'ils en ont oublié le bien matériel qu'est un plus juste partage du temps, il y a à cela des raisons concrètes, bien définies :

La surpopulation : C'est seulement dans les régions fertiles et peu peuplées que l'homme peut se maintenir en vie avec cette denrée qu'on appelle le temps. On peut construire soi-même sa maison et se nourrir en chassant et en cultivant le sol. Dans les régions à forte densité de population, on assure sa survie d'abord avec de l'argent, et en second lieu avec le temps.

Le camouflage : Les monopolistes du capital sont faciles à reconnaître : ce sont les hommes aux portefeuilles bien remplis, aux grandes maisons, aux autos rapides et aux belles compagnes. Les monopolistes du temps sont les femmes : elles se camouflent en servantes de ceux dont elles volent le temps : aussi n'est-il jamais venu à personne l'idée de leur réclamer quoi que ce soit.

Le pouvoir : Les monopolistes du capital défendent leur monopole par la violence, si bien que, pour les vaincre, il faut déployer une violence contraire. Les monopolistes du temps protègent le leur de tout le poids de leur puissance (*Le Sexe polygame,* chapitre « La puissance du plus faible »). Celui qui domine son partenaire par des méthodes psychiques l'emporte toujours, car on ne peut lui prendre que ce dont il veut lui-même se dessaisir. Pour ôter du temps aux femmes, il fallait attendre qu'elles s'ennuient suffisamment.

Nous en sommes aujourd'hui à ce stade. Dans nos dictatures progressistes majoritaires, c'est-à-dire dans les pays hautement industrialisés de l'Ouest, rien ne s'oppose désormais à une plus juste répartition du temps. Dès que la réforme sera décrétée, elle pourra être mise en pratique au cours d'un plan quinquennal. Après cette période de préparation, il sera possible d'insérer sans à-coups la ménagère d'aujourd'hui dans le processus de l'activité économique et de passer de la journée de travail de huit heures à celle de cinq heures.

Les mesures nécessaires devront se concentrer principalement sur les points suivants :

1.   On devra relever le nombre des femmes que la réforme rendra disponibles comme main-d'œuvre, ce que ces femmes peuvent faire et le genre de travail qu'elles veulent accomplir, c'est-à-dire qu'il faudra déterminer statistiquement le niveau d'éducation de la femme au foyer et ses préférences au point de vue travail.

2.   On devra déterminer le nombre de postes vacants après la réforme et dans quels métiers et professions. On peut estimer en gros, dès maintenant, les résultats de cette enquête : dans l'ensemble des branches d'activité, on aura besoin au moins d'un quart de main-d'œuvre supplémentaire. Dans le commerce de détail, on devra employer deux fois plus de personnel ; dans les universités, si l'on applique le système des deux équipes, il faudra également doubler le nombre des enseignants ; il faudra aussi former davantage de personnel pour les écoles maternelles et disposer d'un nombre correspondant de ce que nous avons appelé les « pédagogues de clubs scolaires ».

3.   Il faudra accorder les connaissances professionnelles et les désirs des ménagères au nombre et à la nature des postes disponibles et les préparer à entrer dans la vie professionnelle par un enseignement correspondant.[5]

Certes, ce sera pour un État une tâche gigantesque, mais il pourra en venir à bout avec une organisation convenable. Car une partie de ces femmes aura déjà reçu une formation professionnelle quelconque, une autre partie choisira les métiers pour lesquels aucune formation n'est exigée, et l'intérêt du reste se concentrera sur les « professions dites féminines ». (Dans les « branches

---

[5] Cf. mon prochain livre *La Société-des-Cinq-Heures,* dans lequel je présente des propositions détaillées sur la manière de mener à bien ce changement économique.

masculines », les vides seront comblés en général par des hommes qui changeront d'activité ainsi que par la génération masculine montante, où beaucoup se décideront a priori pour les professions caractéristiques de leur sexe).

Pour former ce troisième groupe de femmes, on pourra se servir en grand de la télévision, école que toutes les ménagères peuvent suivre commodément et qui leur permettrait pendant cette période de transition, de remplir tous leurs devoirs familiaux. Pour tous les travaux de bureau, les connaissances fonda-mentales pourront être simplement enseignées par le petit écran, de même qu'un grand pourcentage des autres professions féminines. Car en dehors de l'expérience qu'on n'acquiert qu'en mettant la main à la pâte, on pourra suivre totalement un enseignement théorique à la télévision. La qualité pédagogique sera même meilleure et le matériel de démonstration aussi divers qu'on peut le désirer. Naturellement, il faudra contrôler couramment, par des examens périodiques, la volonté d'apprendre de ces écolières. Si tout cela semble utopique, qu'on se souvienne par exemple qu'en moins de cinq ans et en dépit de conditions matérielles épouvantables, le gouvernement cubain a réussi à faire tomber le taux de l'analphabétisme de 80 à 10%. Pourquoi des États industriels modernes ne seraient-ils pas capables de mettre au point un système qui permettra, à peu de frais et logiquement, de préparer toutes les femmes au foyer à des professions où les postes sont fréquemment disponibles, afin de les réintégrer ainsi dans la vie économique ?

Naturellement, il faudra considérer quelle sera la limite d'âge au-delà de laquelle cette rééducation de la femme au foyer ne sera plus rentable.

Quiconque, au moment du vote de la réforme, aura cinquante-cinq ans ou plus, en aura au moins soixante lors de sa mise en application et, si elles en expriment le désir, toutes les femmes dans ce cas pourront bénéficier immédiatement de leur retraite. Quant aux autres, elles seront libres de choisir : travailler cinq heures par jour après la mise en œuvre de la réforme ou se contenter de vivre du revenu, considérablement diminué, de leur compagnon.

Bien qu'il existe dans les pays les moins industrialisés de l'occident, ceux où la démocratisation est la plus récente, des conditions souvent optimales pour une répartition plus équitable du temps libre, il faudra justement procéder ici avec plus de lenteur. En Italie, en Espagne, au Portugal et dans de nombreux pays de l'Amérique du Sud, on peut constater qu'il est déjà possible de réduire considérablement le temps de travail, vraisemblablement à cause des conditions climatiques qui imposent un repos à midi. De nombreux pères de famille remplissent au cours de la même journée deux ou trois postes différents, où ils restent chaque fois de cinq à six heures. Théoriquement, on pourrait ici procéder à une redistribution immédiate des différentes tâches sans que l'État ait à la *réglementer,* si bien que provisoirement l'un des membres du *couple* occuperait un poste et le second l'autre. Mais dans tous ces pays, la réforme échouerait : les femmes ne s'y ennuient pas assez. Elles ont en moyenne plus d'enfants — bien que ces derniers fréquentent plus souvent qu'ailleurs les écoles à plein temps — leur ménage est loin d'être aussi automatisé, et de plus la vie communautaire est telle que les contacts sociaux sont intacts et qu'il est difficile qu'une femme au foyer puisse se sentir isolée.

De plus, les hommes sont si magnifiquement dressés grâce à la collaboration de l'Église et de la télévision publicitaire, qu'ils considèrent leur femme comme une martyre — servante dévouée, porteuse d'enfants toujours souffrante, mère jamais lasse, objet sexuel exploité — et qu'il ne leur viendrait jamais à l'esprit de mettre à la disposition de leur épouse leur second ou leur troisième poste quotidien de travail.

Les conditions dominantes dans ces pays sont également la meilleure preuve que notre réforme ne pourra atteindre ses objectifs que si l'on interdit simultanément toute heure de travail supplémentaire. Sinon, immédiatement après l'établissement de la journée de cinq heures, une partie des femmes créerait un nouvel idéal masculin et, comme en Espagne et en Amérique latine, on célébrerait comme le meilleur « macho » l'homme qui parviendrait à collectionner le plus grand nombre de postes et de petits travaux. Comme dans tous ces pays, on pourrait partir du principe que l'homme qui posséderait l'épouse la plus séduisante et la maîtresse la plus « sexy », serait justement celui qui, à cause de son manque chronique de temps et de son épuisement, aurait le moins besoin de sexe.

Pour un féminisme féminin

Le féminisme masculin est l'ennemi de la femme

C omme nous l'avons exposé ailleurs (*Le Sexe polygame,* chap. « Les Journalistes comme pères publics »), la théorie de l'oppression de la femme a été créée de toutes pièces par des hommes comme Marx, Engels, Bebel et Freud, et ce sont encore aujourd'hui des hommes qui en font principalement un sujet de discussion. Il est difficile de trouver un intellectuel qui ne soit persuadé que les pauvres femmes vivent dans une société dominée par le sexe masculin. Cette théorie ne se fonde pas sur la réalité, mais sur ce qu'en disent les femmes qui ont dressé ces hommes pour qu'ils travaillent à leur profit. Cet abaissement volontaire de soi-même constitue, comme nous l'avons montré, un élément important du dressage de l'homme, car il ne travaillera beaucoup et de bon gré qu'au bénéfice de quelqu'un qui lui jouera la comédie de la faiblesse et de l'infériorité.

Les grands défenseurs de la femme ont subi eux aussi ce lavage de cerveau. Dès leur plus tendre enfance, ils ont été manipulés par des mères issues de la bourgeoisie et ils sont demeurés jusqu'à la fin de leur vie l'objet de l'exploitation féminine. Leurs épouses, bourgeoises elles aussi, se sont laissé autant que possible servir par des domestiques pour faire le peu de travail ménager qui leur incombait. Si bien que ces coryphées de la Femme ont des conceptions qui, surtout quand on les applique à celle qui vit de nos jours dans nos pays industriels, font l'effet d'un cours d'illogisme : d'après eux, une majorité composée de personnes vivant plus longtemps et qui, ne faisant rien ou ne travaillant que partiellement, possèdent ensemble, malgré cela, la plus grande partie de la fortune du pays, serait la victime d'une minorité de gens dont la vie est plus brève et qui, peinant toute la journée, sont malgré tous les plus pauvres. Il y a pourtant peu de femmes qui éclatent de rire devant un tel exposé des faits. La plupart se contentent de sourire intérieurement pour des raisons qui se conçoivent aisément.

Il en est toutefois quelques-unes qui, impressionnées par cette logique masculine, non seulement l'acceptent mais la confirment respectueusement. A des femmes comme Beauvoir, Friedan, Millett, Firestone, Greer, les autres femmes doivent beaucoup. Non seulement parce qu'elles ont consolidé leur position commune avec tant de zèle et défendu avec tant de rigueur le monopole féminin, mais aussi parce qu'elles ont présenté la généralité des femmes comme des êtres pensants. En effet, semblables au petit chef d'une tribu africaine qui, visitant officiellement l'Ouest civilisé, impressionne au maximum ses hôtes en les imitant parfaitement, par exemple par une tenue de table impeccable ou la citation d'une poésie célèbre, les femmes intellectuelles, avant de pouvoir s'affirmer dans le domaine des sciences humaines, ont dû d'abord prouver qu'elles pouvaient penser *exactement* comme les intellectuels hommes. C'est à l'abri de ce travail de pionniers que les autres femmes ont pu oser faire un pas de plus en montrant qu'elles étaient également capables de penser *différemment* et qu'elles pouvaient dévoiler aux hommes les erreurs que présentait leur théorie sociale ainsi que les causes de ces erreurs.

En effet, ce n'est pas parce que les femmes intellectuelles ont confirmé la thèse de l'oppression de la femme que cette thèse est devenue plus plausible. On peut, en tant que femme, faire publier sur la domination de l'homme des livres brefs et fougueux ou longs et ennuyeux comme tout — et elles ne s'en sont pas privées — mais quant à écrire sur ce sujet un livre logique, c'est impossible. À moins de donner aux mots un sens nouveau : si on entend par exploitation que le sexe exploité vit le plus longtemps, qu'il travaille rarement et qu'il est malgré tout plus riche que l'exploiteur, alors, bien sûr, nous devons admettre que les hommes exploitent cyniquement les femmes. Et si être privilégié signifie qu'on vous comble quand il s'agit de la répartition des désavantages — qu'on vous expédie sur le front en cas de guerre, que vous avez droit aux travaux les plus dangereux, les plus sales, les plus pénibles, tout en travaillant quelques années de plus que les exploitées — alors, il est certain que les hommes sont, sans aucune commune mesure, des privilégiés.

Mais personne ne soutient une telle interprétation de ces concepts et, par conséquent, si nous employons le langage usuel, on doit considérer qu'aujourd'hui, la libération de la femme a échoué. On ne peut libérer quelqu'un que s'il est opprimé. Si personne n'a l'impression d'être une victime, il n'y a aucune possibilité d'organiser une révolte. Tout ce qui a changé de façon favorable dans la situation de la femme au cours des cinquante dernières années et que les champions et championnes du féminisme inscrivent si volontiers à leur crédit personnel, aurait eu lieu de toute façon : la « libération » sexuelle de la femme est la conséquence des découvertes sensationnelles qui ont eu lieu dans le domaine de la prévention des grossesses et de la lutte contre les maladies sexuelles (révolution qui est l'œuvre des hommes). La tendance de plus en plus accusée qu'a la femme à travailler au dehors est due à l'ennui qu'elle ressent chez elle grâce à l'automatisation du travail ménager et au contrôle des naissances (autre révolution à l'actif des hommes). La légalisation de l'interruption de grossesse est la suite logique de l'affaiblissement de l'influence de l'Église sur les législateurs, et cette évolution a été plus souvent bloquée par les femmes, qui votent pour les conservateurs, que par les hommes. (Comme le prouvent toutes les statistiques, dans nos pays industriels de l'occident, la légalisation de l'interruption de grossesse a toujours compté plus de partisans chez les hommes que chez les femmes. Avant que les femmes obtiennent le droit de vote, la Suisse avait la législation la plus progressiste à cet égard.) Les défenseurs de la femme, qui prétendent que ces succès sont dus à leur initiative, se comportent comme ces gosses qui, imitant le chef de gare et gesticulant comme lui, s'imaginent que c'est grâce à eux que le train démarre. Le seul changement qu'on puisse attribuer, et encore dans une certaine mesure, à l'initiative des femmes, est le droit qu'elles ont aujourd'hui de voter. Avec le droit de vote, tous les objectifs semblaient atteints et pour toujours : tout pas de plus en avant devenait donc superflu.

Et du fait que les femmes ne sont pas opprimées, tous les efforts des champions du féminisme n'ont pu enflammer cette solidarité féminine qu'on célèbre tant. Ce que cache aujourd'hui ce slogan, ce sont des cartels sexistes, des communautés d'intérêts camouflées en mouvements féministes. D'après leur but, on peut pour l'instant distinguer cinq sortes de groupements :

a)   Organisations tendant à éliminer la concurrence masculine dans la vie publique (féminisme protectionniste).

b)   Organisations tendant à lutter contre l'ennui (féminisme de passe-temps).

c)   Organisations tendant à éliminer la concurrence masculine dans le domaine de la sexualité (féminisme lesbien).

d)   Organisations tendant à créer des systèmes totalitaires (féminisme marxiste).

e)   Organisations tendant à exploiter rationnellement la main-d'œuvre masculine (féminisme réactionnaire).

Toutes ces organisations sont favorables aux femmes pour autant qu'on considère le féminisme comme une entreprise de défense et d'exploitation des privilèges féminins. Mais si l'on considère que le but d'un mouvement féminin devrait être de faire de toutes les femmes des êtres humains valables au point de vue éthique —et non plus des parasites vivant aux dépens des autres — ces groupements sont les ennemis authentiques de la Femme. Semblables à ces mères chinoises qui, avant la révolution, transformaient leurs filles en estropiées physiques hautement payées en leur emprisonnant dès l'enfance les pieds dans des bandages, semblables à ces mères occidentales qui font de leurs filles des estropiées mentales — hautement payées elles aussi — en les destinant dès l'enfance au mariage (une vie dans laquelle l'homme devra penser pour elles), ces organismes qui présentent l'homme comme l'ennemi de la femme interdisent à leurs membres d'être un jour ce qu'elles aimeraient être :

des êtres féminins adultes, intelligents, indépendants, aimés et désirés de leurs compagnons.

Car l'émancipation de la Femme, issue d'une théorie sociale inventée par des hommes manipulés par des femmes avides de profit et par conséquent irrationnelle, ne peut donner que des résultats illusoires. Les féministes en quête de virilisation — ces femmes qui veulent transférer dans la pratique une recette du statut féminin, œuvre des hommes et donc nécessairement irréaliste — sont condamnées irrémédiablement à l'échec. Sur une fondation mal assise, on ne peut élever un bâtiment habitable. Ce féminisme, invention des hommes, repose tout entier sur l'idée fixe que les hommes oppriment les femmes ; il fait de celles qui le suivent soit des ennemies de l'homme, soit des cyniques — c'est-à-dire des femmes devenues adultes, intelligentes, indépendantes, mais qui ne sauront jamais ce que c'est d'être aimées, ou des femmes demeurées enfants, sottes, dépendantes, passionnément aimées celles-là et qui exploiteront l'instinct paternel de leur compagnon encore plus froidement et plus délibérément que n'ont jamais osé le faire les femmes des générations précédentes. À moins — et c'est là peut-être la variante la plus dangereuse de toutes — que ce féminisme, invention de l'homme, soit à son tour manipulé et que, dans son emballement aveugle, il prépare la voie d'un système totalitaire où les deux sexes — et non plus seulement l'homme — seront opprimés et où tous les enfants seront obligatoirement versés dans des institutions du type carcéral.

PROTÉGER N'EST PAS ÉMANCIPER

Partir du principe que les hommes oppriment les femmes, suivant la théorie sociale faite par les hommes, c'est porter atteinte à l'honneur de la femme. Car le pas suivant consiste à exiger pour elles des zones de protection et des conditions particulières qui empêchent de considérer l'activité de la femme comme aussi importante que celle de l'homme. Quand il n'y aurait que quelques femmes à grimper au haut de l'échelle sociale en évitant la concurrence professionnelle normale, quand il n'y en aurait qu'un petit nombre à faire carrière en charmant leur supérieur masculin, quand on n'en laisserait que deux ou trois arriver à une situation élevée par simple pitié, toutes les femmes seront soupçonnées de devoir leur réussite professionnelle ou sociale aux mesures de protection qu'on aura prises pour elles. Même si leur rendement est égal à celui de leurs collègues masculins, on les considérera toujours avec méfiance. Tant qu'on ne cessera pas d'exiger une répartition proportionnelle des postes pour les femmes politiques, tant qu'on pourra avoir l'impression que c'est la pression de l'opinion publique qui catapulte certaines d'entre elles dans un fauteuil ministériel, l'électeur et l'électrice leur feront beaucoup moins confiance qu'à un homme. Car ils ne seront pas sûrs qu'en temps de crise une femme soit réellement capable de manœuvrer dans un poste élevé d'une façon indépendante et avec compétence.

Aussi l'exigence de mesures spéciales de protection en faveur des femmes, par exemple celles d'une « Année de la Femme », d'un ministère particulier aux « Affaires féminines », d'une distribution paritaire des emplois dans la vie publique, d'une égalité totale dans la répartition des postes de direction d'un parti, constitue-t-elle fondamentalement la pire offensive contre la Femme que les mass-média aient jamais menée. Les femmes politiques et les journalistes femmes qui se sont prêtées à ces campagnes, soit par étourderie soit par opportunisme professionnel, ont rendu le plus mauvais service qu'on puisse imaginer à la cause féminine. Elles ont détruit pour longtemps la chance qu'avaient les femmes d'être acceptées totalement par le grand public.

Les résultats de ces actions concertées ne se font jamais attendre. Alors qu'avant cette mise en solde totale et récente de l'honneur féminin, il était possible de faire, en tant que femme, une carrière professionnelle respectée de tous, alors qu'auparavant on estimait que le rendement d'une femme équivalait à celui d'un homme dans le même travail — on penchait même à croire qu'il lui était plus difficile d'arriver à un poste égal et qu'elle devait donc être plus capable — chaque femme syndicaliste, membre d'un conseil d'administration, présidente de banque, professeur d'université, médecin-chef, juge et surtout chaque femme politique est désormais soupçonnée de devoir son avancement, totalement ou au moins partiellement, au chantage sentimental qu'elle a exercé, c'est-à-dire à la mauvaise conscience ou à la pitié de ses supérieurs et de ses collègues. Tout ce qu'on peut d'un côté gagner de prestige féminin par un travail sérieux se trouve irrémédiablement perdu de l'autre, et au lieu d'avancer d'un pas, on recule de deux.

En admettant même qu'il y ait une raison à cette déclaration de tutelle, que les femmes soient vraiment opprimées et que les hommes doivent vraiment les aider, les femmes elles-mêmes ne devraient jamais accepter cette assistance, et cela dans leur propre intérêt. Pour que les femmes soient respectées dans la vie publique, les conditions mises à leur avancement devraient être aussi rigoureuses que possible. Comme ce n'est pas le cas en réalité, le fait d'exiger la création de zones de protection pour les femmes désireuses de faire une carrière non seulement détruit leur image mais offre un danger général et est une manifestation de cynisme. Car cette pression de plus en plus accentuée sur les hommes menace en fin de compte d'aboutir à l'occupation, par un nombre grandissant de femmes qui auront évité la concurrence professionnelle normale, de postes pour lesquels elles ne seront nullement préparées. Sans compter que ce traitement préférentiel et immotivé est naturellement aussi un facteur de démoralisation : il ne tue pas seulement le respect que les hommes ont pour leurs compagnes — ils n'accepteraient jamais pour eux de telles mesures de protection — mais celui que les femmes doivent avoir d'elles-mêmes. Car elles savent parfaitement que, par exemple, dans nos pays occidentaux, elles n'ont aucun droit moral à une année de protection de la Femme et à un ministère des Affaires féminines, du moins tant que les hommes ne bénéficieront pas d'un droit égal. Elles savent qu'elles ne peuvent assumer les postes de direction qu'elles réclament dans les partis politiques, tant que les femmes membres de ces partis demeureront en majorité inactives (on les appelle en Allemagne les « cadavres à carte »...), car leur adhésion n'a le plus souvent pour but que de soutenir l'activité politique de leur époux, et cela uniquement au point de vue quantitatif. Les exigences des féministes mettent donc toutes les femmes qui ont conservé un minimum d'intégrité morale dans une situation extrêmement pénible.

Car ces féministes ne font pas qu'exprimer des désirs. Grâce à leur énorme pouvoir sur les mass-médias et sur les partis politiques, elles peuvent les réaliser si elles le veulent vraiment. Bien qu'il semble tout à fait invraisemblable qu'il y ait eu un secrétariat d'État spécial aux affaires féminines dans un pays comme la France, où il n'y a naturellement que les hommes qui soient astreints au service militaire, où on les envoie encore régulièrement participer à des guerres lointaines et où l'âge de la retraite volontaire est fixé à cinquante-cinq ans pour la femme, mais à soixante-cinq pour l'homme, on a pu voir un gouvernement français instituer une telle perversion politique, du moins provisoirement. Et on ne peut même pas le lui reprocher : ce gouvernement emploie naturellement toutes les méthodes capables de lui attirer les votes des électeurs. Mais c'est la première fois dans l'histoire qu'autant de femmes ont été offensées à la fois d'une manière aussi manifeste : jamais encore un pays n'avait déclaré par décret que tout un sexe n'était composé que d'imbéciles, d'adultes aux capacités intellectuelles insuffisantes pour faire triompher sans aide leurs droits dans une démocratie parlementaire où elles détenaient la majorité. Et cependant, d'autre part, jamais une offense aussi grave n'a passé aussi inaperçue.

LA LUTTE COLLECTIVE MENÉE CONTRE L'ENNUI N'EST PAS UN MOUVEMENT FÉMINISTE

Partir du principe que les hommes oppriment les femmes, suivant une théorie de société faite par les hommes, c'est porter atteinte à la dignité des femmes. Car le pas suivant consiste à leur faire adopter les attitudes de protestation par lesquelles les minorités exploitées ou persécutées attirent habituellement l'attention sur elles, et ces attitudes, pour les membres d'une majorité privilégiée à tous points de vue et qui ne peuvent protester contre rien, sont infiniment ridicules. Grâce à ce genre d'activités, l'image féminine est tombée aujourd'hui à un niveau si bas qu'on ne pouvait guère l'imaginer auparavant. Certes, la cause en est une minorité déjà en voie de disparition, mais la publicité est énorme ; les organisatrices sont pour la plupart des journalistes bien établies, et le mal qu'elles apportent ainsi aux autres femmes ne sera pas effacé avant plusieurs générations. Certes, ces féministes ont déjà pris une certaine distance avec les autodafés de soutien-gorge, les retraites commémoratives aux flambeaux et leurs hymnes de protestations « Nous sommes les nègres de la nation... ». Des actes semblables, même si on y met fin aujourd'hui, seront encore un sujet de plaisanteries pour les bourgeois de l'an 2000. Et dans une perspective historique, même les activités d'un genre « plus sérieux » n'en paraîtront pas moins déconcertantes.

Car tant que dans nos pays, la justice poursuivra impitoyablement surtout les délits commis à l'égard des femmes (par exemple plusieurs années de prison pour un détournement de mineure, dix ans de réclusion, et même la mort dans certains États des U.S.A., pour un viol) et que dans les pays du Tiers Monde, on continuera à tuer et à torturer cent fois plus d'hommes que de femmes, ces dernières, quelle que soit leur nationalité, n'arriveront jamais à être autre chose qu'une cible de quolibets lorsqu'elles instituent des « tribunaux de femmes » qui, partant de leur « émotion féminine » et sans avoir besoin de longues études juridiques, décident souverainement de ce qui est bien et mal. Tant que celles de leur propre sexe voteront plus souvent que les hommes pour les conservateurs et empêcheront ainsi la libéralisation des mesures qui interdisent le divorce et l'interruption de grossesse, les manifestations à grand renfort de banderoles contre les lois réactionnaires des hommes ne vaudront aux femmes qu'une réputation peu flatteuse de naïveté politique. Tant que les banquiers masculins administreront les fortunes féminines avec tant de soins qu'aux États-Unis par exemple les femmes possèdent déjà 60% du capital privé, la création de banques « féminines » pour protéger «enfin» les intérêts de la femme, demeurera une absurdité. Tant que les maisons d'édition et de films fonctionneront avec du capital privé et qu'elles choisiront leurs auteurs, leurs metteurs en scène, leurs livres et scénarios et leurs comédiens, non pas d'après un point de vue sexiste quelconque, mais d'après leur valeur marchande, et aussi longtemps que les libraires et les marchands d'art ne s'intéresseront qu'à ce qui se vend et continueront à courtiser la clientèle féminine parce que c'est elle qui a le plus d'argent et le plus de temps disponible pour faire des achats, les femmes qui s'efforcent de créer des maisons d'édition féminines, des festivals de films féminins, des librairies de livres féminins et des expositions d'art exclusivement féminin, auront l'air, dans le meilleur des cas, de jouer les boudeuses.

Tant qu'une partie des femmes féministes combattront pour avoir le droit d'entrée dans des clubs réservés au sexe masculin, tandis que d'autres fonderont des centres féminins qui lui sont interdits, tant que les premières prêcheront la consommation en gros des hommes, et les autres l'abstinence dans leurs rapports avec eux, ce zèle ne pourra sembler que très contradictoire. Tant que de vieilles dames se rassembleront autour d'une cafetière, les femmes féministes, en créant des cercles de conversation et des *Consciousness Raising Centers*[6], ne feront pas preuve de beaucoup d'originalité. Dans les deux cas, il s'agit généralement de réunions de quelques femmes qui échangent leurs

---

[6] Il s'agit de centres destinés à favoriser la prise de conscience des femmes américaines. (N.d.T.)

impressions sur ce qui les intéresse. En effet, même si les produits de régime remplacent maintenant les tartelettes à la crème et qu'on y attaque de propos délibéré et non plus par mégarde le milieu intime que composent le mari et les enfants, c'est là, d'après les normes féminines, le point culminant de leur révolte.

Pourtant, on n'aperçoit pas encore la fin de cette dégringolade. Celui qui croit que la « vague de protestations » a atteint son paroxysme avec les festivités de l' « Année de la Femme », risque fort de se tromper. Certes, les femmes ne reprendront pas les mêmes gags pour amuser l'autre sexe, mais on peut être sûr qu'elles trouveront du nouveau. Grâce à l'augmentation constante du bien-être dans nos pays industriels de l'Occident, l'armée des femmes qui s'ennuient ne fait que s'accroître. Elles ressentiront de plus en plus le besoin de se plonger dans des distractions qui leur conviennent — de se livrer à de l' « agitation », de « manifester », de « communier enfin les unes avec les autres » — et ces distractions leur donneront l'impression de faire quelque chose alors qu'elles ne font rien et de risquer quelque chose alors qu'elles ne courront pas le moindre danger (un mari ne prend jamais sa femme au mot quand elle revendique son indépendance). En effet, pour autant que ces contestataires ne sont ni lesbiennes, ni marxistes, ni journalistes — lesquelles ont toutes un motif compréhensible — ces femmes se caractérisent toujours par le fait que leur vie matérielle est bien assurée, qu'elles ont reçu une éducation au-dessus de la moyenne mais qu'elles se placent au-dessous de la moyenne en matière d'occupation. Étudiantes subventionnées par leur père ou par l'État et qui, avec frénésie, se consolent de cette manière extravagante d'avoir de trop longues vacances, ou maîtresses de maison progressistes, bien entretenues par leur époux, et qui trouvent là une occupation partielle qui ne dégénère pas en travail.

Logiquement, les activités de ces femmes ne pourront décroître que lorsqu'on aura supprimé les conditions qui les suscitent. C'est-à-dire lorsqu'on aura, comme nous le proposons, ramené le rythme de travail de ces étudiantes à celui des ouvrières de l'industrie, soit cinq heures par jour, lorsqu'on aura raccourci, dans une mesure psychiquement supportable, leurs vacances qui durent aujourd'hui la moitié de l'année (lorsqu'on aura solidarisé de force les étudiants et leur prolétariat), lorsqu'on aura, comme nous le proposons également, délivré de leur complexe d'infériorité les ménagères animées d'une certaine ambition intellectuelle, par une activité professionnelle de valeur égale à celle de leur mari, et qui engagera leur excès d'énergie corporelle et spirituelle dans des voies utiles à la communauté sans qu'elles portent plus longtemps tort à l'image qu'on se fait de la Femme.

LE SAPHISME N'A RIEN À VOIR AVEC LE FÉMINISME

Partir du principe que les hommes oppriment les femmes, selon la théorie inventée par les hommes, c'est faire des femmes l'objet de la spéculation de minorités dont les dispositions sexuelles sont anormales. Car le pas suivant consiste à conseiller aux opprimées de refuser tout contact intime avec leurs oppresseurs et de rechercher plutôt chez leur propre sexe la satisfaction de leurs besoins érotiques. Contre de telles campagnes il n'y aurait rien à objecter — on devrait même s'en réjouir — si elles servaient à convertir au saphisme les femmes qui y sont en fait prédisposées et qui n'osent se dégager du poids des règles établies pour s'y adonner. Mais les comportements homosexuels ne sont pas seulement innés, ils sont aussi acquis, et c'est l'une des raisons pour lesquelles on a tant tardé à libéraliser la législation à ce sujet. La psychologie moderne va même plus loin et affirme que, dans un milieu propice, tout être humain peut devenir homosexuel ; aussi devrait-on donner dans tous les internats une éducation mixte et permettre dans les prisons des contacts entre les deux sexes. Et cela non pas parce que l'hétérosexualité est « bonne » et l'homosexualité « mauvaise », mais parce que les homosexuels, vivant au sein d'une majorité qui, suivant les lois biologiques, sera toujours hétérosexuelle, se trouvent automatiquement refoulés dans une position marginale au point de vue social. Et une telle position est toujours cause du malheur de l'individu. On s'efforce donc de garantir aux homosexuels congénitaux le plus de tolérance légale possible, tout en veillant à ce qu'ils ne détruisent pas chez les autres, et principalement chez les jeunes, leur disposition hétérosexuelle. Malgré ces efforts, et sous les yeux des mêmes pouvoirs publics qui freinent la réforme des internats et des prisons, il se développe actuellement, en faveur de l'homosexualité, une campagne d'intoxication qui est sans précédent dans l'histoire. Pour les besoins de la minorité lesbienne, l'idéologie de la domination masculine est comme taillée sur mesure. Puisque les hommes se comportent si mal à l'égard des femmes, prétendent-elles, privons-les du bonheur de coucher avec nous. Et cette propagande remporte des succès : sous le prétexte de combattre pour la bonne cause, elles peuvent se servir des organisations féministes pour s'introduire dans des milieux qui autrement leur seraient fermés et, sans éveiller le moindre soupçon, fréquenter des femmes qui normalement leur demeureraient inaccessibles.

Nous ne voulons pas dire par là que toutes les femmes qui représentent ce féminisme inventé par les hommes sont des lesbiennes. Nous avons déjà mentionné les opportunistes, celles qui s'ennuient, et les autres, nombreuses, pour qui les organisations féministes remplacent une activité utile dans les syndicats et les conseils d'administration des entreprises, et qui, en toute innocence, croient vraiment que c'est là qu'elles peuvent agir le mieux pour lutter en faveur des buts légitimes et honorables des femmes et leur assurer de plus hauts salaires et une meilleure protection quand elles sont mères. Et nous ne prétendons pas non plus que toutes les lesbiennes exploitent le féminisme masculin pour satisfaire leurs besoins sexuels. Certaines, nous en sommes sûrs, sont trop fières et trop intègres pour agir de cette manière, mais personne n'entend jamais parler d'elles car elles ne disposent d'aucun pouvoir publicitaire. Et nous prétendons encore moins que toutes les lesbiennes dont il est question ici obéissent à de vils mobiles. Les lesbiennes procèdent d'un monde d'expériences totalement différent, et du fait qu'elles refusent tout à fait logiquement d'avoir le moindre contact avec les hommes, elles ne connaissent rien du pouvoir que la femme tire de la constellation intersexuelle : le pouvoir de celui qui est l'objet du désir de l'autre. Quand elles discourent et expliquent à quel point ces rapports avec les hommes sont humiliants, déprimants, insatisfaisants et dégradants, elles ne se livrent pas seulement à de la propagande. Du fait de leur prédisposition, elles doivent trouver ce genre de relations sexuelles effectivement insupportables.

Toutes ces considérations ne changent rien au fait que les lesbiennes ont deux raisons excellentes pour vouloir s'approprier les organisations féministes, et que leurs motifs sont alors peu honorables. Tout d'abord, elles se sont condamnées elles-mêmes à une activité professionnelle, et il arrive souvent qu'elles doivent même entretenir, tout comme un homme, celle qui est leur « objet sexuel ». Aussi sont-elles plus intéressées que les autres femmes à maintenir à un niveau aussi bas que possible la concurrence masculine sur le lieu de travail. Et d'autre part, elles ont un choix de partenaires sexuels extrêmement réduit. Si Kinsey a raison et que seulement 0,2 pour cent de la population féminine éprouve une inclination pour le saphisme, une lesbienne a dans sa vie quotidienne cinq cents fois moins de chances de trouver chaussure à son pied qu'une femme hétérosexuelle. Pratiquement, elle est obligée d'agrandir le cercle de ses partenaires éventuelles en tentant de convertir à ses goûts celles qui ne les partagent pas et en se livrant à une propagande anti-masculine.

De plus, il est un reproche que nous devons faire au moins aux théoriciennes de la « défense » de la femme : elles montrent peu de scrupule dans le choix des moyens qu'elles emploient pour essayer de remplacer leurs concurrents masculins dans les bonnes grâces des femmes. Une grande partie des publications féministes qui pour l'instant submergent le marché, donnent l'impression d'être de la simple pornographie lesbienne, ou rappellent tout à fait, dans leur présentation factice des événements, la technique que le IIIe Reich a employée avec tant de succès : susciter par une manipulation du sentiment une animosité artificielle contre certains groupes de la population. Ici, le danger est grand surtout pour qui n'a jamais eu de contact avec les objets de cette discrimination. Celui qui ne connaissait pas un seul juif devait logiquement devenir antisémite à force d'absorber les produits du ministère de la Propagande hitlérienne : films, romans, et « tranches de vie » antisémites. La femme qui n'a aucune expérience de l'homme — donc une très jeune fille en général — peut se laisser influencer par les publications anti-masculines inspirées par les lesbiennes et aborder son premier homme au moins avec certains préjugés, en admettant qu'elle arrive même à oser procéder à cet essai. Ne lui a-t-on pas décrit constamment ce rapport sexuel comme brutal, dégradant et profondément insatisfaisant, tandis que l'amour féminin est tendre, respectueux et — malgré l'absence du phallus ou justement à cause d'elle — le nec plus ultra de la jouissance.

Quant à affirmer d'avance que ce qu'on appelle le « nouveau féminisme » est le même que l'ancien, cela mérite une réserve : la propagande homosexuelle est en fait le nouvel élément — et d'ailleurs le seul — dans l'idéologie féministe d'aujourd'hui. Les hommes qui ont proposé cette idéologie n'ont jamais mentionné le refus du sexe ni un appel à une activité purement homosexuelle. Les femmes en sont uniquement responsables. Il s'agit d'une conséquence obligatoire, inhérente au système : naturellement, on ne doit pas coucher avec l'homme qui vous exploite ! Et si on ne peut l'éviter, car finalement c'est l'homme qui détient le pouvoir, on peut suivre au moins le conseil de Simone de Beauvoir et n'avoir aucun orgasme pour éviter de tomber encore plus sous la dépendance du tyran en développant sa propre capacité de jouissance. Cette dernière conséquence n'est illogique que si on la confronte avec la réalité. Elle est absolument cohérente pour des féministes « masculines » du genre Simone de Beauvoir, c'est-à-dire pour des femmes qui se laissent dicter par les hommes leurs idées sur leur propre sexe. Et cette conséquence est d'autant plus utile quand, en plus de prendre ses idées chez les hommes, on cherche son plaisir sexuel chez les femmes, ce qui est le cas de nombreuses féministes.

Cette utilité explique aussi pourquoi tant de féministes, parmi les plus importantes, déballent si franchement toute leur vie intime. Si, comme elles le disent, leur but est de fonder en fait un mouvement international pour la libération de leur sexe, elles ne devraient en aucun cas commettre l'erreur tactique d'effrayer la majorité des femmes, qui est hétérosexuelle, par la vie lesbienne qu'elles offrent si intensément en spectacle. En fait, la plus grande partie des dirigeantes connues du féminisme s'adonnent au saphisme, d'autres se vantent de s'être livrées au moins à des expériences sporadiques ou recommandent la réserve sexuelle comme moyen de combat. Tout cela ne devient plausible que si on considère ces cas du point de vue que nous venons de définir et si l'on n'oublie plus que les lesbiennes n'ont pas du tout le désir d'attirer dans leur camp des femmes qui sont des hétéro-sexuelles déclarées. Elles ne sauraient jamais sur qui elles tombent dans leurs congrès et « tribunaux de femmes » nationaux et internationaux, celles qu'elles peuvent approcher avec succès et les autres qui leur opposeraient un refus pénible. Du point de vue lesbien, leur technique est tout à fait légitime, et compte tenu de la situation désastreuse dans laquelle se trouvent les lesbiennes qui ont de forts besoins sexuels, elle est pleinement compréhensible. Ce qu'on ne peut concevoir, c'est que les autres femmes ne perçoivent pas ce mécanisme et que, contrairement à leur habitude, elles tombent ici dans le panneau.

DANS LE SYSTÈME MARXISTE, LES FEMMES

PERDENT LEURS PRIVILÈGES ET LES HOMMES N'Y GAGNENT RIEN

Partir du principe que les hommes oppriment les femmes, suivant la théorie sociale inventée par les hommes, c'est transformer les femmes en jouets de l'extrémisme politique. Car on n'a plus qu'à leur suggérer qu'elles sont beaucoup trop faibles pour maîtriser elles-mêmes leur situation : changeons d'abord la société, tout le reste viendra de soi ! À cause de l'énorme puissance que les femmes ont sur les hommes et de leur influence sur les mass-média et les élections, le bouleversement du monde féminin est d'une importance fondamentale pour les extrémistes de gauche et de droite. Et le désintérêt dont elles font preuve en matière politique fait d'elles des proies faciles pour ce genre d'individus. Les femmes ne s'en tiennent pas longtemps aux théories : toutes les statistiques prouvent que, même au moment des élections, elles ne lisent pas les pages que leur journal consacre à la politique. Les hommes, se disent-elles, ont certainement tout étudié à fond, tout dépend maintenant de l' « intuition féminine ». Et c'est ainsi qu'avec une belle régularité, l'humanité tombe au pouvoir des démagogues qui, à force de promesses et de compliments, minent si habilement la position de puissance de la femme qu'ils arrivent à constituer un gouvernement légal, puisque c'est le désir de la majorité. Certes, ils ne tiennent jamais leurs promesses. Il n'existe aucune dictature, quelle que soit la teinte de l'agitation dont elle s'est servi pour séduire le peuple — nationaliste, chrétienne, raciste ou socialiste — qui n'ait apporté le malheur à tous, y compris aux femmes.

Les prétendues dictatures du prolétariat ne font pas exception, les principes marxistes qu'elles appliquent sont tout ce qu'on veut, sauf favorables aux femmes. Dès qu'il n'existe plus d'élections libres dans un pays, son gouvernement, logiquement, peut être tout à fait indifférent à ce que les femmes attendent de lui.

Ses chefs ne demeurent pas au pouvoir en influençant l'opinion des électeurs, mais par l'intimidation et la terreur. Dans ces dictatures, les femmes ont encore un certain pouvoir sur l'homme (mais seulement celui de l'objet érotique, et cela uniquement si elles réussissent à dominer leur propre instinct sexuel, cf. *Le Sexe polygame*), mais elles ont perdu tout le reste, c'est-à-dire le pouvoir politique qu'elles exercent dans nos démocraties.

En effet, dans une dictature, contrairement à ce qui se passe dans une démocratie parlementaire, les hommes politiques ne sont plus leurs « employés », et dans ce cas, les femmes ne peuvent agir sur la politique de leur pays qu'en participant directement au gouvernement, et encore doivent-elles compter dans leurs rangs la présidente du parti ou constituer la majorité à l'assemblée dirigeante. Et même dans ce cas, rien ne garantirait une politique féministe : tout dépendrait du point de vue personnel des femmes au pouvoir. Arbitraire pour arbitraire, ce ne serait plus celui de certains hommes, mais de certaines femmes.

Or, il n'existe pas jusqu'ici un seul exemple d'arbitraire *féminin* dans les dictatures dites communistes : jamais, après une révolution dite du prolétariat, les femmes n'ont pris une part décisive au gouvernement. Et il n'existe aucune preuve réelle qu'après une telle révolution, on ait accordé aux femmes un traitement de faveur. En général, les dictatures marxistes sont comme toutes les autres : elles font ce qu'elles veulent des adultes, qu'ils soient hommes ou femmes, et surtout elles font ce qu'elles veulent de leurs enfants.

Le résultat est que dans les pays à gouvernement marxiste, les femmes perdent régulièrement leurs privilèges, à l'exception de l'exemption du service militaire, sans que les hommes tirent un avantage quelconque de cette égalité dans l'obligation. Elles sont forcées de travailler exactement comme les hommes, tôt le matin jusqu'à tard le soir, sans qu'il y ait de différence entre elles et eux. Et s'il est évident que les femmes ne peuvent plus faire voter les lois qui leur conviennent, la grande masse des hommes n'a elle non plus aucune influence sur les législateurs. Les femmes ne peuvent pas diriger la production, en tant que consommatrices principales, mais les hommes non plus. Du fait qu'il y a trop peu de tout, de toute façon tout se vend. Et comme par conséquent la publicité est inexistante, elles ne peuvent plus contrôler les mass-média. Ni elles ni les hommes ne peuvent réclamer, par la parole ou par l'écrit, ce qu'ils voudraient lire ou entendre dire.

Et si ce ne sont plus les mères qui forment leurs enfants d'après leur propre échelle de valeurs, les pères n'ont pas un mot à dire à ce sujet. C'est dans les crèches, dans les garderies, dans les écoles à plein temps, que des étrangers enseignent aux générations montantes ce qu'elles doivent penser, et elles y apprennent également à dénoncer ceux qui pensent autrement quel que soit leur degré de parenté. Et ce ne sont plus les mères qui décident du temps que leurs enfants sont obligés de passer dans ces prisons d'État, pas plus que les pères.

Comme leurs parents doivent travailler aussi longtemps que possible, les enfants sont donc condamnés à demeurer, également aussi longtemps que possible, dans ces établissements pénitentiaires.

Et pendant qu'à l'Ouest les hommes dont la femme est un peu trop stricte peuvent au moins acheter un peu de plaisir sexuel, à l'Est, dans le même cas, il n'en est plus question. La déportation et le travail forcé ont eu raison de la libre prostitution, la prostitution conjugale n'est rentable qu'avec des savants renommés et des hauts fonctionnaires du Parti à cause des salaires misérables de tous les autres, et la liberté sexuelle est elle aussi limitée pour des raisons pratiques. Car premièrement, les femmes, une fois leur travail terminé, sont terriblement lasses — si on ne parle pas là-bas de leur « double charge » comme à l'Ouest, leur fatigue est bien plus considérable faute d'automatisation du travail ménager et à cause du temps perdu pour le moindre des achats. Deuxièmement, les gens y vivent entassés les uns sur les autres, ce qui n'est guère propice aux relations sexuelles. Troisièmement, les possibilités offertes à la régulation des naissances sont loin d'être idéales : la Chinoise pratique l'abstinence sexuelle, et dans le bloc de l'Est la seule pilule — d'origine hongroise — qui empêche l'ovulation, a des effets secondaires si violents que la plupart des femmes préfèrent encore avorter de temps à autre. Mais si cette dernière méthode de contrôle des naissances est appliquée en grand, non pour des raisons humanitaires mais parce que l'État a besoin de main-d'œuvre, on ne peut toujours se fier à elle. Le dictateur masculin, quand il lui en prend l'envie, peut du jour au lendemain interdire l'avortement, comme c'est arrivé en Roumanie, obligeant ainsi toutes les femmes enceintes à garder l'enfant dont elles ne voulaient pas. À l'Ouest, une telle mesure de violence, prise par des ronds-de-cuir, entraînerait automatiquement le retrait du gouvernement ; là-bas, on n'a même pas eu le droit de la discuter.

Ainsi, dans sa forme actuelle, le marxisme n'est guère séduisant pour les citoyens des pays industriels de l'Occident. Il ne résout pas les problèmes des femmes, n'améliore pas la situation des hommes, et est moins favorable aux femmes et moins humain en général que tout ce qui existe chez nous. Et il ne se prête guère, dans sa forme actuelle, à devenir le modèle révolutionnaire des pays du Tiers Monde. Pour qu'on puisse l'y employer comme moyen d'humaniser les conditions de vie, il faudrait transformer cette utopie économique en une théorie économique réalisable. Ce qu'on devrait proposer, ce n'est pas le but, qu'on n'atteindra jamais, d'une société sans classes, mais celui d'une société où les classes seraient organisées *de façon sociale*. Les conflits actuels Est-Ouest ne coûtent plus autant de vies humaines non seulement parce que les riches s'accrochent à ce qu'ils possèdent (c'est naturel qu'ils le fassent, mais s'ils étaient seuls, ils seraient trop faibles pour résister longtemps) ; la vérité est qu'une partie du prolétariat, celle qui a déjà plus que le minimum vital, craint bien davantage ce qui se passe après les révolutions marxistes que de continuer à vivre comme il le fait. L'idéologie marxiste ne pourrait aider les sous-privilégiés que si on la pourvoyait d'une « happy end » : il faudrait qu'après la transformation amenée par la révolution en ce qui concerne les conditions de la propriété, on aboutisse non plus à une économie totalement planifiée, mais à une économie mixte — c'est-à-dire à la liberté pour la production des biens de consommation, le commerce de détail et les services — et à une économie d'État pour les principaux biens d'investissement et la production des matières premières. Il faudrait ajouter à son programme le pluralisme poli- tique, des élections libres, la liberté d'opinion et la liberté de la presse, le libre choix du lieu où l'on veut vivre et une possibilité limitée d'accès à la propriété privée.

Alors seulement, il pourrait être question d'appliquer dans le bloc de l'Est la réforme que nous proposons. Du fait que l'ensemble de la population adulte est déjà engagée dans le processus de la production, une diminution de la durée de travail ne pourra être obtenue en augmentant le nombre des travailleurs, mais en améliorant le rendement des individus, c'est-à-dire en produisant plus en moins de temps. Mais de nouveau cela ne sera possible qu'en diminuant au minimum, grâce au retour à l'industrie privée, les pannes inhérentes à l'économie planifiée, et il faudra créer pour le travailleur une série d'encouragements qui favorisent son esprit d'initiative. Dans les pays à gouvernement marxiste, l'économie et le commerce devront d'abord, dans une certaine mesure, faire retour à l'industrie et au commerce privés, il faudra relancer la consommation au lieu de la maudire, encourager la reconstitution des classes chez les adultes au lieu de l'étouffer, et surtout renoncer à une partie de l'idéologie marxiste ; alors seulement les hommes et les femmes sortiront des prisons où ils peinent toute la journée, alors seulement leur vie pourra devenir aussi agréable que Marx l'a souhaité.

Nous ne prétendons pas ici que les militantes marxistes — celles qui veulent persuader les autres femmes que leur intérêt à toutes est d'abord de modifier radicalement la société — soient trop peu intelligentes pour nous suivre dans notre argumentation. On peut supposer que c'est justement leur intelligence supérieure qui fait d'elles les victimes du marxisme orthodoxe. Car plus on est intelligent, plus on est sensible à différents points de vue, et plus on a peur de prendre des décisions erronées et besoin de recourir à un étalon de valeurs fixe, définitif. Dans nos régions, ce besoin de se conformer à des règles absolues de comportement était satisfait jadis par la religion chrétienne ; de nos jours, le marxisme remplit cette fonction pour un assez grand nombre de personnes. En effet, à l'époque de l'atome, une religion sans Dieu est plus facilement acceptable par un homme éclairé que celle qui pose comme condition préalable la croyance à un être invisible. Cette religiosité explique pourquoi on trouve proportionnellement tant de femmes parmi les terroristes occidentaux. Tant qu'elles obéissent à la raison, les femmes risquent peu, et aussi longtemps qu'elles sont raisonnables, elles préfèrent laisser les hommes agir à leur place. Ce mécanisme cesse de fonctionner dès qu'elles se laissent aller à une croyance assez forte. Quand ils sont vraiment religieux, les hommes et les femmes ne craignent ni de mourir ni de tuer. L'obéissance à des commandements chrétiens, marxistes ou autres, justifie pour eux leur sacrifice même quand il s'agit de leur vie. Un témoin de Jéhovah refuse par idéalisme la transfusion sanguine qui le sauverait, ce qui va de soi dans son cas ; un jeune disciple de Karl Marx se fait sauter avec ses otages, cela aussi va de soi pour lui. Cette façon d'agir n'a rien de courageux, elle est inhérente au système. En principe, seuls les incroyants peuvent être courageux.

Le progrès social, a dit de son côté Karl Marx, se mesure exactement à la situation qu'occupe le beau sexe dans la société. Au cas où par le beau sexe il entendait les femmes, il pourrait constater qu'elles vivent aujourd'hui plus longtemps que le sexe qui, selon lui, est moins beau, qu'elles travaillent plus rarement, sont plus nombreuses aux endroits où l'on dépense de l'argent et que dans notre société elles sont généralement traitées plus poliment. Le marxiste qui ose aujourd'hui prétendre que les femmes de nos pays industriels de l'Ouest doivent être considérées comme les victimes d'une société d'hommes, accuse donc son idole de débilité mentale. Toutefois, en victime qu'il est d'une illusion, on ne peut le tenir pour responsable au sens propre du mot : la religion, a dit également Karl Marx, agit comme une drogue qui vous bouleverse l'esprit.

Le problème est que cette attitude religieuse des femmes marxistes orthodoxes porte atteinte à la situation de leurs compagnes tant à l'Ouest qu'à l'Est. Dans nos pays occidentaux, il n'y a certes guère de danger de voir les femmes accourir pour embrasser le marxisme, mais le terrorisme grandissant, en rendant nécessaire un contrôle toujours plus rigoureux de l'État, restreint de plus en plus la liberté personnelle de tous, hommes ou femmes. Pour les femmes de l'Est, le concert d'éloges des occidentalistes marxistes et progressistes a des conséquences catastrophiques. Car les approbations qu'elles prodiguent de loin à des conditions de vie qu'elles ignorent, confirment les dictateurs masculins dans leur politique chauviniste et diminuent considérablement les chances d'une réforme faite, sans violence, de l'intérieur.

UN SIMPLE RETOUR À LA NATURE SERAIT ANTINATUREL

Partir du principe que les hommes oppriment les femmes, suivant la théorie d'une société faite par les hommes, c'est procurer aux femmes un alibi qui leur permettra d'exploiter encore plus conséquemment la force de travail masculine. Car le pas suivant, pour elles, consiste à s'encourager mutuellement à combattre la prétendue puissance de l'homme par des « armes féminines ». Puisque les hommes ne voient de toute façon en elles que des femmes de ménage, des cuisinières, des infirmières, des machines à satisfaire leur désir et à enfanter et des bonnes d'enfant, rien ne devient plus juste et équitable que de se faire payer ces services. Et comme les hommes sont d'autant plus disposés à payer plus et mieux qu'on célèbre leur grandeur et que la femme se fait toute petite, cette forme de féminisme, inspirée tout entière par l'idéologie masculine, est non seulement la moins suspecte *mais* la plus cynique et la plus lucrative. Car tandis que les *autres* femmes agissent mues peut-être par l'étourderie, *le désir de* prestige, l'ennui, le besoin sexuel ou le fanatisme *politique, il* n'est question ici que d'encaisser froidement les *recettes* et de porter au maximum les bénéfices. Avec le féminisme « Je-ne-suis-qu'une-faible-femme-et-tu-es-un-homme-fort », la femme obtient tout ce que les autres exigent, mais plus rapidement, plus *secrètement,* plus sûrement et surtout sans avoir à faire aucun effort.

En employant ce procédé, la masse des femmes *doit* beaucoup au mouvement dit de libération des femmes, à *tel* point qu'un observateur venu de Sirius pourrait croire *qu'elles sont créé* uniquement dans ce but. Car ce petit groupe criard *et* progressiste n'a apporté rien que des avantages à *la majorité* silencieuse des conservatrices. Aujourd'hui, il suffit qu'une femme *déclare à* un homme qu'elle tient pour une pure absurdité toute cette « émancipation », que les hommes doivent demeurer des hommes et les femmes rester des femmes, pour l'avoir immédiatement de son côté. Car il est certain que ces championnes de la Femme ont réussi au moins quelque chose : effrayer *profondément la* masse des hommes. S'ils ont eu auparavant des doutes sur ce qu'était une vraie femme, ils le savent parfaitement aujourd'hui. Une vraie femme est tout ce que n'est pas une championne du féminisme. Celles qui, sans autre forme de procès, abandonnent leur famille pour « se réaliser », casent leurs enfants dans des communautés ou dans des garderies, offrent à leurs fils des poupées et des autos à leurs filles, font l'amour tantôt avec des hommes, tantôt avec des femmes, qui ne s'agitent que pour se résigner l'instant suivant, se déclarent solidaires les unes des autres pour aussitôt s'entre-déchirer, se servent de disques fabriqués par l'économie capitaliste pour alléger leur étude de l'économie marxiste, achètent leurs idées chez Mao et Marcuse et leurs vêtements chez Lewis et Saint-Laurent, célèbrent tout au long les mérites de Léningrad et de Moscou mais vont passer leurs vacances à Paris ou à Londres, fondent aujourd'hui un jardin d'enfants anti-autoritaire[7] pour revenir demain à leur boutique de modes, se consacrent un jour, totalement aux sous-privilégiés, et un autre jour uniquement à elles-mêmes, ces femmes-là font peur aux hommes. Mais s'ils se sauvent rien qu'en les voyant, c'est pour se jeter tout droit dans les bras de celles qu'ils devraient, en fait, redouter bien davantage.

En effet, grâce aux mouvements de libération de la femme, partout la réaction féminine célèbre aujourd'hui son triomphe. Plus ces femmes qui paraissent si « anti-féminines » formulent d'exigences, *plus les* hommes trouveront féminines celles qui ne leur réclament rien, sauf leur argent. Plus elles vantent les mérites de la promiscuité et du saphisme, plus les hommes trouvent séduisantes celles qui veulent vendre leur sexe au prix le plus élevé possible. Et plus elles affirment leur droit à occuper des *emplois* jusqu'ici réservés aux

---

[7] Ce sont des jardins d'enfants privés créés en Allemagne Fédérale par des gauchistes. (N.d.T.)

hommes, plus ces derniers trouvent *sympathiques celles* qui ne veulent rien faire du tout.

Alors qu'auparavant une femme cherchait encore à dissimuler à demi comment *elle* s'y prenait pour faire travailler un homme, *elle considère* aujourd'hui que c'est presque une vertu d'exploiter à son *profit son* mari jusqu'aux dernières limites de sa capacité de production. Alors qu'une femme apprenait autrefois l'art de manipuler l'homme chez sa mère et chez ses amies, elle a aujourd'hui à sa disposition des cours imprimés de dressage accéléré. Dans les états les plus conservateurs des États-Unis, les mouvements contre l'émancipation féminine ont déjà bien plus d'audience que le M.L.F. : leur bible, *La Femme totale* de Marabel Morgan, a de loin dépassé, en nombre d'éditions, le *Sexe et domination* de Kate Millett. Et voici que les Américaines multiplient les démonstrations en faveur du rétablissement de l'interdiction de l'avortement, et que leurs campagnes contre « l'Amendement de l'Égalité des Droits » (Equal Rights Amendment) ont depuis longtemps relégué au second plan celles des féministes.

Et grâce à la théorie de l'oppression féminine, personne ne peut reprocher à ces réactionnaires de vouloir en fait nuire à la masse des hommes. Ne veulent-elles pas seulement redevenir des femmes, rien que des femmes qui veilleront sur leur mari et reconnaîtront sans jalousie sa supériorité ? Puisque les hommes ont de toute façon le pouvoir, une femme fait-elle quelque chose de mal quand elle le leur confie de bon gré ? Puisque l'homme aime tant dominer la femme, serait-ce être malveillante que de se soumettre volontairement à lui ? Retour à la nature ! Voilà leur mot d'ordre, c'est-à-dire l'homme dehors à lutter contre un monde hostile, et la femme à sa cuisinière électrique.

Elle s'ennuiera ? Vous voulez rire ! Une vraie femme trouve toujours quelque chose à faire dans son foyer. Elle cuisine — comme sa grand-mère —, elle fait sa propre confiture, *elle* pétrit et cuit son propre pain, elle coud à la machine ses propres vêtements, elle tricote de bonnes et chaudes chaussettes d'hiver à son mari et à ses enfants, elle offre à ses amies et à ses parentes des coussins qu'elle a piqués elle-même et des dessus de table brodés de sa main. Tout doit redevenir comme auparavant, dit-elle. Car autrefois, avant l' « émancipation », *tout* allait bien.

Mais rien ne sera comme avant. Car tout ce que font ces « femmes totales » sans en avoir absolument besoin *comme leur* grand-mère, ne paraît plus féminin, mais de la *comédie*.

Quand on trouve dans toutes les boutiques ce qu'elles confectionnent avec tant de difficulté, et le plus souvent dans une qualité meilleure et bien meilleur marché que le produit de leur « travail », quand le pain du boulanger du coin est meilleur que le leur, que le supermarché offre vingt sortes de confitures, que la robe de confection est moins coûteuse et également mieux taillée, que les chaussettes qu'on peut acheter tiennent plus longtemps que les leurs et que les coussins piqués de leur propre main ne vont vraiment nulle part, la seule chose qu'on puisse dire est que ce retour à la nature est profondément anti-naturel. Puisque les femmes jouissent de la même éducation professionnelle que les hommes, qu'elles sont en moyenne deux fois enceintes dans leur vie et qu'elles nourrissent généralement leurs enfants au biberon, il serait tout aussi naturel que les hommes prennent leur place et restent chez eux.

Et l'homme qui s'est d'abord félicité d'avoir une femme qui ne veut rien être d'autre que sa femme, découvre finalement que cette situation est mortelle. Toutes les activités de son épouse sont si irréelles, ses problèmes si comiques, sa conversation si niaise, qu'il en est tour à tour touché, ennuyé et angoissé. Il est exact qu'avec ses dîners à la bougie elle le délasse de ses difficultés professionnelles, mais ne serait-il pas mieux qu'il puisse lui en parler ? Exact aussi qu'elle lui demande toujours son avis, mais n'est-ce pas plus ou moins comme s'il avait épousé un enfant ? Et on ne peut nier qu'elle est toujours de bonne humeur et qu'elle ne le critique jamais, mais à tel point qu'il a l'impression de ne pas exister du tout...

Il découvre qu'il lui manque quelque chose, mais quoi ? Il est sûr qu'on le dupe, mais comment ? N'a-t-il pas finalement une vraie femme, une des rares qui soient encore fidèles, bonnes ménagères, souples de caractère et satisfaites ? Pourquoi donc, malgré tout cela, n'est-il pas heureux ? Pourquoi sa vie de famille est-elle si terne ?

« RECOMMENCEZ AVEC SENTIMENT »

Le féminisme, inventé par des intellectuels hommes et plagié par des intellectuelles femmes, part de fausses prémisses et aboutit à une impasse. Quiconque cherche à rejeter les responsabilités de la situation actuelle sur l'homme, n'apporte vraiment rien à la femme : du fait que les hommes ne disposent d'aucune sorte de pouvoir, comment pourraient-ils nous aider ? Et quand, au lieu de les accuser, on accuse la société on a tout aussi peu de perspectives de succès. La société se compose d'hommes et de femmes, et les hommes, pour autant que nous l'avons constaté, sont absolument irresponsables de ce qui se passe aujourd'hui.

Mais revenir en arrière est aussi impossible. Pour que l'ancien modèle familial fût adapté à la réalité de notre époque, il faudrait que les tâches du couple à l'extérieur et à l'intérieur du foyer fussent tant soit peu réparties équitablement. Or, celui du couple qui choisit de rester chez lui n'a aujourd'hui presque plus rien à faire tandis que celui qui travaille au-dehors soutient un combat de plus en plus dur pour assurer la survie des deux. Et le premier n'a pas à penser à grand-chose alors que le second doit faire de plus en plus appel à son intelligence. La grande liberté dont bénéficie la femme, et le temps de plus en plus réduit dont dispose l'homme, les dresse l'un contre l'autre avec une agressivité sans cesse accrue. Entre eux, l'abîme intellectuel s'élargit lui aussi chaque jour et rend toute compréhension de plus en plus difficile.

Quiconque veut que change la situation de la femme doit réviser toutes ses idées. Il ne doit plus mesurer les femmes à ce qu'elles disent, mais à ce qu'elles font. Il ne doit plus les juger d'après leur image de marque, mais d'après leur comportement. Ce n'est pas en attaquant la victime de la proxénète qu'on supprimera le proxénétisme sexuel. Accuser l'esclave, c'est perdre le négrier des yeux. Ce n'est qu'en recherchant la culpabilité là où on peut la trouver — chez la femme elle-même — qu'on peut transformer la situation. Ce n'est qu'en osant critiquer les femmes tout comme on critique les hommes, publiquement, qu'elles pourront se corriger, changer de comportement. C'est celui qui vous dit la vérité qui est votre ami, car il faut d'abord reconnaître ses fautes pour être capable d'en guérir. Épargner les femmes n'est pas leur rendre service. L'indulgence n'est bonne que si l'on ne peut rien changer, ce n'est pas le cas pour les femmes. Il faut partir du principe exclusif qu'elles veulent devenir différentes.

Ce qui importe désormais, c'est de ne plus se laisser dicter par les hommes ce que nous devons penser des femmes. Les hommes répètent seulement ce que leur mère, leur fiancée, leur épouse et leurs filles leur ont seriné, et cela, on le sait, n'a que peu de chose à voir avec la vérité. Ce qui importe, c'est de ne pas se laisser dicter, par quelques femmes dont la religion est l'extrémisme politique, ce qu'il y a à faire pour changer la société. Ces femmes veulent exploiter le pouvoir féminin pour établir un quelconque système totalitaire, aussi comment pourrait-on les croire ? Ce qui importe, c'est de ne pas se laisser prescrire par des lesbiennes le parti que nous, femmes, devons tirer de notre sexe. Les lesbiennes, qui viennent d'un autre monde d'expérience, ne peuvent d'aucune façon promulguer des règles générales quand il s'agit de la sexualité entre l'homme et la femme.

La réalité féminine ne peut être décrite exactement que par celles d'entre nous qui la connaissent. Le pouvoir féminin ne peut être dénoncé que par celles qui en jouissent quotidiennement, tout comme la sexualité féminine ne peut être spécifiée que par celles qui en ont l'expérience : c'est-à-dire les femmes, et naturellement les femmes tout à fait normales, la moyenne, la majorité des femmes. Et il n'y a qu'elles, parce qu'elles constituent le gros des électeurs, qui pourront changer quelque chose à ce qui est.

Quiconque veut agir en faveur des femmes doit commencer par agir contre elles. Pour rendre son honneur au sexe féminin, il faut d'abord le montrer tel qu'il est. Ni Marx ni Engels ne se sont alliés à la bourgeoisie, alors qu'ils en faisaient eux-mêmes partie ; alors qu'ils n'avaient que des avantages à en attendre, ils ont dénoncé au prolétariat les manœuvres de leur propre clan. Pour la même raison, les femmes ne peuvent en aucun cas s'allier aux autres femmes. La solidarité féminine à tout prix est une attitude profondément réactionnaire : quand dans un pays s'unissent tous ceux qui détiennent la véritable puissance, il ne s'agit plus, au sens habituel du mot, de solidarité, mais d'un cartel d'exploiteurs.

Partir du principe que les hommes oppriment les femmes, selon la théorie inventée par les hommes, c'est ôter aux femmes toute possibilité d'agir. Lorsqu'enfin elles commenceront à réfléchir sur ce qu'elles sont, quand elles étudieront enfin leur situation elles-mêmes, sans l'aide des hommes, quand elles se décideront enfin à mettre cartes sur table et à assumer la responsabilité de leur propre comportement, elles trouveront certainement la solution de leurs problèmes. En d'autres mots : ce n'est que lorsque les femmes auront relégué dans la poussière des archives le vieux féminisme masculin et conçu un nouveau féminisme, féminin cette fois, qu'elles pourront, si jamais elles le souhaitent, transformer la situation actuelle.

Quiconque désire vraiment que les femmes aient un rôle plus honorable doit reprendre du début le problème de l'émancipation. Mais cette fois sans les vociférations habituelles et avec un peu plus de courage civil et de sentiment.

LE FÉMINISME FÉMININ POURRAIT ÊTRE UN SOCIALISME NOUVEAU

Si les femmes le voulaient, elles pourraient changer l'univers entier. Si elles corrigeaient, ne fût-ce qu'un peu, leur comportement, les conséquences pour tous les autres membres de la société seraient presque du domaine du merveilleux.

Un féminisme féminin — une théorie de la société fondée sur la réalité de la situation qu'y occupe la femme — entraînerait automatiquement, s'il bénéficiait d'un bon lancement, l'apparition d'un nouveau comportement de la femme. Et ce comportement, à son tour, serait à l'origine d'une révolution sociale après laquelle, sans qu'il y ait eu besoin d'employer la violence, tout marcherait remarquablement mieux. Sans rien ôter aux femmes, les hommes recevraient enfin quelque chose. Sans que leurs parents aient à se sacrifier, les enfants obtiendraient leur dû. Sans que les jeunes en aient à souffrir, les vieux vivraient mieux. Sans punir les riches, les pauvres seraient moins pauvres. Un féminisme féminin fonderait une société nouvelle dans laquelle les avantages du capitalisme et du communisme, de l'individualisme et du collectivisme, de l'égoïsme et de l'altruisme, seraient liés de la meilleure façon possible pour le bénéfice de la communauté et pour le bien de chacun. Il serait la pierre angulaire d'un monde dans lequel tous les êtres humains deviendraient aussi semblables qu'ils peuvent l'être en étant pourtant aussi différents que jamais.

Car naturellement la conquête de la liberté n'aurait pas seulement pour effet d'accentuer la différenciation de l'homme et de la femme, mais aussi celle de chaque individu. Et naturellement, du fait que chaque femme aurait une profession, non seulement il ne serait plus question de la fameuse « logique féminine » (périphrase d'un homme bien élevé pour désigner la sottise d'une dame), mais pour la première fois tous pourraient utiliser leur intelligence et leurs connaissances pour réfléchir à des choses qui ne seraient pas liées à la recherche du pain quotidien. Jusqu'aujourd'hui, ceux qui avaient beaucoup d'instruction manquaient d'habitude de temps, et les autres, qui disposaient de beaucoup de temps, manquaient presque toujours d'instruction : d'une part des hommes exploités jusqu'à l'épuisement, de l'autre des femmes qui avaient le droit de tout oublier de ce qu'elles avaient appris, une sorte de prolétariat oisif. Après la réforme que nous proposons, un grand nombre d'êtres humains pourront pour la première fois utiliser leurs connaissances à autre chose qu'à gagner de l'argent. Pour la première fois, une minorité d'hommes hautement cultivés et doués d'une grande activité mentale pourront s'adonner à autre chose qu'à leur profession.

Qu'on travaille à plein temps ou la demi-journée est tout à fait indifférent quand il s'agit de formation professionnelle : il faut avoir tout autant de connaissances. Et pour la première fois, grâce à la grande quantité de temps libre dont on bénéficiera, on pourra employer ce savoir à quelque chose d'absolument inutile. La faculté d'abstraction de l'être humain, acquisition indispensable pour survivre dans un monde de plus en plus complexe, servira enfin à réfléchir à des choses qui n'auront plus un but immédiat. Grâce à elle, on pourra s'aventurer, créer du nouveau. Et comme c'est justement l'esprit créateur, la créativité, qui distingue l'être humain de l'animal, on assistera après la réforme à une *mutation artificielle* en règle. On ne fera plus seulement comme si l'on était un être humain, on en aura également le comportement. On ne se jouera plus réciproquement la comédie de l'humanité, on sera véritablement un homme ou une femme.

L'une des nombreuses conséquences de la réforme sera donc une explosion de créativité, une diversité jusqu'alors inconnue de pensées nouvelles et de comportements absolument excentriques. Personne n'est naturellement dépourvu d'imagination, il y a simplement des individus qui prennent le temps de faire du nouveau, et d'autres qui ne le prennent pas. Après le changement que nous proposons, l'art et la culture, pour la première fois, seront vraiment socialisés : tous ceux qui le voudront pourront s'y adonner, c'est-à-dire produire ou consommer. Pour apporter l'art jusqu'au peuple, il n'est pas nécessaire de supprimer le prix du billet d'entrée dans les instituts culturels : c'est le peuple lui-même qui créera son art, et l'offre sera si énorme que de toute façon les prix de vente baisseront. On n'aura pas besoin de subventionner les artistes : tout le monde sera considéré comme étant artiste et, sans aumône de *l'État,* chacun, avec quelques heures de travail par jour, pourra vivre.

Les artistes producteurs d'aujourd'hui n'ont pas à s'affoler devant ces perspectives nouvelles. Certes, ils auront plus de concurrents à affronter, mais moins de contraintes matérielles. Il y aura certes plus d'originalité, mais aussi un public bien plus nombreux et qui saura apprécier ce qu'on lui présente. Car il y aura non seulement des poètes et des écrivains plus intéressants, mais aussi plus de lecteurs ; à des peintres et à des sculpteurs plus inventifs correspondront des amateurs plus nombreux ; non seulement la musique sera plus belle et ses interprètes meilleurs, mais il y aura plus d'auditeurs comme plus de spectateurs pour applaudir des artistes et des metteurs en scène dont la sensibilité sera plus grande. Et il y aura en outre de nouvelles disciplines spirituelles qu'on n'a même pas encore tenté de découvrir, faute de temps.

Dans un monde où chacun disposera d'assez de temps pour jouir jusqu'au bout de ses connaissances, de son imagination, de son énergie spirituelle et physique, tout en principe deviendra possible. Il y aura une telle diversité de pensées, de modes de comportement, d'idéologies, d'inventions, de rituels, d'absurdités, de folies, qu'on ne pourra jamais s'ennuyer. Et non seulement on sera plus amusant soi-même, les autres le seront eux aussi.

Les contacts quotidiens seront aussi aventureux que tous pourront le souhaiter, car chaque rencontre qu'on fera constituera un événement.

Naturellement, comme nous l'avons déjà dit, il est possible qu'il soit déjà trop tard pour créer un monde semblable. Il se peut que ceux qui prétendent que l'homme, au fond de lui-même, ne désire pas mener une vie différente de celle qui est la sienne aient raison. On ne peut exclure l'éventualité qu'une telle réforme, si les femmes osent l'entreprendre, échoue finalement faute de soutien de la part des hommes. Il se peut en effet que l'homme soit si habitué à sa prison qu'il soit incapable d'entreprendre quoi que ce soit en dehors d'elle, qu'il a si longtemps vécu pour les autres qu'il ne puisse absolument plus vivre pour lui, et qu'il préfère vraiment acheter l'amour de sa femme plutôt que d'accepter qu'elle le lui offre. Il se peut que l'homme qui mettra au point, dans tous ses détails, le projet de cette réforme et qui devra la mener à bien, éprouve une telle angoisse devant la perspective de sa liberté qu'il manquera, pour la première fois, à son devoir.

Pourtant, il faudra essayer. Il faudra convaincre les femmes qu'elles doivent accorder aux hommes leur indépendance. Et cela dans l'intérêt de toutes les femmes. Nous finançons aujourd'hui des réserves pour que les animaux sauvages, demeurent ce qu'ils sont, alors que les hommes, programmés eux aussi par la nature pour une vie pleine d'aventures, deviennent sous nos yeux de plus en plus apprivoisés, domestiqués et serviles. Nous luttons pour que riches et majorités se comportent au moins assez décemment, alors qu'au milieu de nous les femmes agissent de façon de plus en plus douteuse, avec de moins en moins de scrupules.

Aussi longtemps que la femme ne proposera pas à l'homme une répartition égale du fardeau de la vie, elle n'aura aucune possibilité, dans nos pays industriels de l'Occident, de se comporter de façon « honnête ». Quoi qu'elle fasse, elle gardera toujours sur l'homme l'avantage d'avoir le choix entre au moins deux voies différentes tandis que l'homme, dans le meilleur des cas, ne peut en suivre qu'une : tant que la naissance d'un enfant signifiera que le père doit également entretenir la mère, tout le monde pourra soupçonner toutes les femmes, dès qu'elles seront enceintes, de préparer quelque perfidie. Aussi longtemps que les hommes, dans une certaine mesure, n'auront pas recouvré leur indépendance, les femmes ne trouveront jamais de compagnons qui leur plaisent et qu'elles puissent vraiment aimer.

Il est grand temps d'offrir à l'homme une chance de s'en sortir. C'est seulement s'il la refuse qu'on pourra prétendre qu'il se sent à son aise dans sa situation actuelle : qu'il est d'accord avec le régime de sa prison, qu'il se vend de bon gré, lui et son travail, qu'il accepte volontiers sa castration, qu'il se félicite de son impuissance économique et politique et que, de toute façon, il n'a rien à objecter à la diffamation dont il est l'objet. Alors seulement, on aura le droit d'affirmer que c'est pour lui rendre service qu'on le dresse uniquement en vue de travailler, puisque quoi qu'on fasse on ne peut l'employer à rien d'autre. Alors seulement, on pourra prétendre que le type actuel de la virilité correspond exactement au niveau général des hommes et qu'en tout et pour tout ils mènent aujourd'hui la vie qu'ils souhaitent mener.

Il s'agit donc de mettre les hommes à l'épreuve. Il s'agit de leur offrir enfin la liberté. Ce n'est que lorsqu'ils l'auront refusée qu'on saura, avec une certitude absolue, que les femmes seront pour toujours condamnées à vivre avec l'unique invention, l'unique brevet, l'unique produit qu'elles aient jusqu'ici apporté au monde. Alors seulement on pourra certifier qu'elles ont fabriqué en trop grande série, par pur enthousiasme pour sa merveilleuse utilité, l'*homme manipulé*.

AUTRES OUVRAGES